RALF LIENERT | MARKUS RAFFLER

Kemptener Geheimnisse

SPANNENDES AUS DER 2000-JÄHRIGEN GESCHICHTE
MIT KENNERN DER STADTHISTORIE

Mediengruppe
Allgäuer Zeitung

Lienert, Ralf; Raffler, Markus;
Kemptener Geheimnisse – Spannendes aus der 2000-jährigen Geschichte - mit Kennern der Stadthistorie

MEDIENGRUPPE ALLGÄUER ZEITUNG in Kooperation mit:
Bast Medien GmbH, St.-Ulrich-Str.11, 88662 Überlingen (verantwortlich)
1. Auflage 2022
ISBN: 978-3-946581-89-5

Lektorat: Kerstin Schumacher, Christa Eichhorst
Covergestaltung: Melanie Kunze
Layout: Homebase – Kommunikation & Design, Melanie Kunze
Satz: Melanie Kunze
Druck: Mohn Media Mohndruck GmbH, Gütersloh

Ein Titel der preisgekrönten Reihe *Geheimnisse der Heimat*

Inhalt

Vorwort

Römerstadt, Reichsstadt, Stiftsstadt: Wer als Fremder eintaucht in die Geschichte Kemptens, der ist erst einmal verwirrt von den vielen historischen Zentren dieser Stadt. Und er fragt sich angesichts zahlreicher moderner Bauwerke und pulsierender Geschäfte: Hat Kempten tatsächlich 2000 Jahre auf dem Buckel? Auch ich habe vor neun Jahren, nach meinem Umzug von Kassel nach Kempten, erst nach und nach Zugang zu den Eigenheiten dieser besonderen Stadt gefunden. Dann aber war mir klar, warum die Einheimischen Kempten lieben - und warum sie manchmal damit hadern, dass dort in den vergangenen 200 Jahren Tore, Türme und manch anderes geschichtsträchtige Bauwerk leichtfertig dem Zeitgeist geopfert wurden.

Dennoch ist die Stadt reich an alten Gebäuden und sehenswerten Straßenzügen geblieben. Sie drängen sich dem Besucher allerdings nicht an jeder Ecke auf, wie etwa in Wangen, Füssen oder Memmingen. Kempten ist eher eine herbe Schönheit. Eine, die den Besucher herausfordert, auf Spurensuche zu gehen. Wer sich darauf einlässt, wird belohnt. Denn er wird schnell fündig am Rande von gotischem Rathaus und barockem Kornhaus, zwischen der wehrhaften Burghalde und den Überresten des antiken Cambodunum.

Dabei sind es die Details, die es in sich haben: Sie bergen oft die spannendsten Geschichten. Die *Kemptener Geheimnisse* zeigen, dass es sich lohnt, den Blick auf scheinbar Nebensächliches zu richten. Die

Autoren Ralf Lienert und Markus Raffler erzählen 50 Geschichten, in denen das scheinbar Unbedeutende zur Hauptsache wird. Sie verknüpfen das Relikt am Straßenrand geschickt mit den großen Kapiteln der Stadtgeschichte. Da geht es um die römische Kriegskasse im Burghalde-Brunnen, um den grausigen Grabstein eines Fürstabtes, um eine rätselhafte Lokachse auf dem Abstellgleis oder zechende Honoratioren in einer Kapellen-Gruft. Als Leser taucht man auf diese Weise ein in Begebenheiten, von denen man vorher noch nie gehört hat. Und man versteht Zusammenhänge, die sich sonst nicht ohne Weiteres erschließen.

Zugleich wird der Alltag im Kempten vergangener Jahrhunderte lebendig, nehmen einfache Bürger vor dem geistigen Auge Gestalt an, ebenso wie Kaiser, Fürstäbte und Ratsherren. Dass Stadthistorie hier nicht abstrakt erzählt wird, liegt auch am Grundkonzept der mit mehreren Preisen bedachten Buchreihe: Geschichtskundige Bürgerinnen und Bürger Kemptens verleihen den Kapiteln als Paten Leben. Sie zeigen: Heimat kann spannend sein und voller Geheimnisse stecken. Nehmen Sie sich also Zeit und gehen Sie diesen Rätseln auf den Grund. Nach der Lektüre dieses Bandes werden Sie so manche Ecke der Stadt mit anderen Augen sehen.

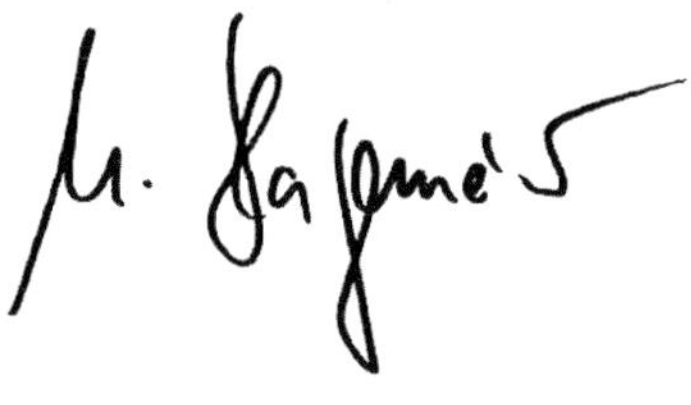

Uli Hagemeier
Allgäuer Zeitung
Redaktionsleiter

Die Autoren

Ralf Lienert (Jahrgang 1963) arbeitet als Redakteur beim *Allgäuer Zeitungsverlag* in Kempten. Er stammt aus einer alteingesessenen Allgäuer Familie. Mit zehn Jahren machte er die ersten Sportaufnahmen an der Heini-Klopfer-Skiflugschanze in Oberstdorf. Als Zeitungsbote finanzierte er sich eine mechanische Kamera. Der erste Prominente vor der Linse war der damalige bayerische Ministerpräsident Franz Josef Strauß als Gast auf der Allgäuer Festwoche. Nach fotografischer und kaufmännischer Ausbildung folgten ein Volontariat und 1991 die Übernahme als Redakteur bei der *Allgäuer Zeitung*. Ralf Lienert arbeitete an zahlreichen Büchern über Kempten und das Allgäu mit. Seine Fotos sind in der Tageszeitung, Beilagen und Magazinen aus dem *Allgäuer Zeitungsverlag* zu finden. Der Stadtchronist ist Beiratsmitglied im Heimatverein Kempten, hält dort Vorträge und arbeitet an Veröffentlichungen und Ausstellungen über die Stadtgeschichte mit.

Markus Raffler (Jahrgang 1968) arbeitet seit 1989 als Journalist. Sein Handwerk lernte der gebürtige Kemptener bei der *Allgäuer Zeitung* und der *Augsburger Allgemeinen*. Nach Stationen in verschiedenen Redaktionen, unter anderem als Verantwortlicher der Lokalredaktionen in Immenstadt und Füssen, ist Markus Raffler seit 2013 stellvertretender Leiter der Gesamtredaktion der *Allgäuer Zeitung*. Die spannungsgeladene Geschichte seiner Heimatstadt hat den verheirateten Vater von drei Kindern schon immer brennend interessiert – angefangen von den antiken Überresten des römischen Kempten über die mittelalterliche Reichsstadt bis zur barocken Pracht des fürstäbtlichen Stiftes. Um archäologische Befunde und die Arbeit der Wissenschaftler besser einordnen zu können, hat er bei Grabungen der Stadtarchäologie Kempten selbst mitangepackt – unter anderem bei einer bis heute rätselhaft gebliebenen Fundstelle aus der Bronzezeit.

Der verschnörkelte Schriftzug um das Geschoss verdeutlicht den Tag des Einschlags: Samstag, 17. September 1796.

01

Kanonenkugel

Geheimnisvoller Irrläufer aus Kriegszeiten

Gläubige, Kunstfreunde, Menschen auf der Suche nach Stille: Die gotische St.-Mang-Kirche (erbaut von 1426 bis 1440) im Zentrum der einstigen Reichsstadt Kempten wird täglich von Hunderten von Menschen besucht. Doch nur die wenigsten entdecken bei einem Rundgang jenes seltsame Relikt, das in einer Seitenwand des ab 1776 im Rokokostil renovierten Hauptschiffs oberhalb der Empore eingemauert ist: Der gewölbte dunkle Fleck nahe des Chorraums sieht nicht nur so aus – er ist tatsächlich eine waschechte Kanonenkugel!

Ein historisches Kriegsutensil inmitten eines friedlichen Gotteshauses? „Ja, das ist wirklich eine kuriose Geschichte“, sagt Karin Schaber, Betreuerin der Bibliothek der evangelischen St.Mang-Kirche. Man merkt der Kirchenführerin an, dass auch sie von dem geheimnisvollen Geschoss in etwa acht Metern Höhe beeindruckt ist. Denn das hat eine atemberaubende Geschichte hinter sich, die bis ins Jahr 1796 zurückreicht.

Doch der Reihe nach: Der Dreißigjährige Krieg (1618-1648), in dessen Verlauf sich die evangelische Reichsstadt und das direkt angrenzende katholische Fürststift mit Hilfe ihrer Verbündeten bis aufs Blut bekämpft hatten, war schon lange vorbei. Trotzdem blieben die Zeiten weiterhin rau. „Reichsstadt und Stiftsstadt, die streng genommen unabhängige Staaten waren, wurden immer wieder in militärische Auseinandersetzungen hineingezogen", berichtet Karin Schaber.

Karin Schaber weiß Bescheid über die eingemauerte Kanonenkugel.

Dies gilt auch für den Ersten Koalitionskrieg (1792-1797), bei dem Österreich, Preußen und mehrere kleine deutsche Staaten gegen das revolutionäre Frankreich ins Feld zogen, nachdem dessen König Ludwig XVI. (1754-1793) Österreich den Fehdehandschuh hingeworfen hatte. Nach der Hinrichtung Ludwigs XVI. durch ein Urteil des Nationalkonvents wurde das Bündnis gegen die Französische Republik vorübergehend noch stärker: Erst kamen Spanien, die Niederlande und Großbritannien hinzu, später mehrere Reichsstände des Heiligen Römischen Reiches Deutscher Nation. So kam es, dass die mit Toren und Türmen geschützte Reichsstadt mit ihren gut 3200 Bürgern 1796 zum Schauplatz von Gefechten wurde, wie Karin Schaber erzählt.

Die denkwürdigste Auseinandersetzung dieses Krieges fand dabei am 17. September statt: „Die Stadt war damals von französischen Truppen besetzt, als von Obergünzburg her gegen Mittag starke Einheiten des österreichischen Kaisers anrückten", weiß die Kennerin der örtlichen Kirchengeschichte aus alten Quellen. Angesichts der Übermacht der feindlichen Verbände flüchteten die Franzosen überstürzt aus dem Mauerring der Stadt. Zeitgleich begannen kaiserliche Truppen, die ebenso wie die Österreicher mit der Reichsstadt verbündet waren, von den östlichen Anhöhen aus die Beschießung Kemptens.

Karin Schaber zitiert aus der im Stadtarchiv aufbewahrten *Gebhardtschen Stadtchronik* die entscheidende Stelle: „Und nun um 1/2 2 Uhr wurde mit 15- und 12-pfündigen Canonen von den Kayserlichen nach der Stadt erstaunlich von St. Stephan (Anmerkung: gemeint ist die Keck-Kapelle) und von Lenzfried geschossen. Es war eine förmliche Belagerung. Der allererste Schuß ging durch das (Pfarr-) Haus des Herrn Senior Mag. Reck, von da durch das Kirchenfenster und der kleinen Orgel, wo die große Pfeiffe etwas getroffen wurde und schlug ein Loch in der Kirche, ob den Knabenstühl, worauf die Kugel zurückprählte und noch ein Stück vom Altar-Gatter schlug, worauf sie liegen blieb. Die Kugel wiegt 12 Pfund."

„Die Kanonenkugel war also ein echter Irrläufer, noch dazu von den Verbündeten. Sie hat aber offenbar nur Sachschaden angerichtet, da zu dieser Zeit wohl kein Gottesdienst stattfand", vermutet die Kirchenführerin. Der in der Chronik erwähnte „Senior Mag. Reck" stand von 1765 bis zu seinem Tod 1798 an der Spitze des Pfarrkapitels und wohnte im Pfarrhaus.

Das Einschlagen dieser Kanonenkugel in der Kirche habe die Menschen, die immer wieder Belagerungen, Einquartierungen und Beutezüge von Soldaten erdulden mussten, sicher „sehr irritiert", glaubt Karin Schaber. „Gott sei Dank ist bei dem Beschuss aber nichts Schlimmeres passiert." Das wiederum wurde in damaliger Zeit wohl als Zeichen dafür gedeutet, dass die Kirche und mit ihr die Stadt unter göttlichem Beistand stehen. Die Kanonenkugel jedenfalls wurde an der Südwand des Hauptschiffes eingemauert und beschriftet – als bleibendes Mahnmal an eine kriegerische Zeit.

Markus Raffler

So geht's zur Kanonenkugel:

Das Geschoss befindet sich im Hauptschiff der St.-Mang-Kirche auf der südlichen Seite – über dem vordersten Bogen, direkt am Übergang zum Chorraum.

Gibt Rätsel auf: Dieser Wehrgang an der mittelalterlichen Stadtmauer ist zur Angriffsseite hin geöffnet.

02

Wehrgang

Schwabenstreich an der Stadtmauer?

Wer kennt sie nicht , die humorvollen Schwabenstückle, in denen auch die Allgäuer Städte und ihre mitunter tollpatschigen Bewohner ihr Fett abbekommen? Die Memminger etwa wurden wegen ihres Mondes zum Gespött ihrer Zeitgenossen. Der Erdtrabant hatte sich nachts golden glänzend in einem Bottich gespiegelt, verschwand aber jedes Mal bei Sonnenaufgang wieder.

Also kamen einige Bürger nach einer Zechtour auf die glorreiche Idee, den Mond für alle Zeiten im Stadthaus aufzubewahren. Doch trotz größter Bemühungen ließ sich der widerspenstige Himmelskörper weder mit Stangen noch mit Netzen herausfischen – und so war die Mär vom „Memminger Mau" geboren.

Kempten dagegen erlangte vor Jahrhunderten wegen einer Meise zweifelhafte Berühmtheit. Denn weil eines Tages sein Lieblingsvogel aus dem Käfig entwischt war, befahl der Bürgermeister eilends, sofort alle Stadttore zu verrammeln, damit die Meise ja nicht aus der Stadt entkommen könne. Die Torwärter befolgten den Befehl zuverlässig, die Meise tauchte dennoch seltsamerweise nie mehr auf – und die Kemptener waren fortan um eine verrückte Glanztat reicher.

Wer heute aufmerksam den Stadtmauerrest nahe der Fischerstraße betrachtet, fühlt sich auf den ersten Blick an ein weiteres Schwabenstückle der Kemptener erinnert. Denn der hölzerne Wehrgang oben auf dem mittelalterlichen Bollwerk ist ausgerechnet nach Süden hin sperrangelweit offen – also genau in die Richtung, aus der in kriegerischen Zeiten ein feindlicher Angriff drohte. Spinnen die also, die Kemptener?

Dietmar Ade vor dem historischen Wehrgang an der Fischerstraße.

„Von wegen, das hat einen guten Grund, und der hat mit dem Handwerk in der früheren Reichsstadt zu tun", beruhigt Dietmar Ade. Der Optiker- und Uhrmachermeister im Ruhestand muss es wissen. Denn das angrenzende Fachgeschäft an der Ecke zur Beethovenstraße wird seit 1899 von seiner Familie geführt. Die an dieser Stelle gut erhaltene Stadtmauer bildet teilweise die Außenwand des Ade-Hauses. Bis ums Jahr 2010 herum war die Familie Ade sogar Eigentümerin der um 1300 errichteten Stadtmauer. „Dann haben wir das Denkmal schweren Herzens an die Stadt abgegeben, denn der Aufwand für die Erhaltung war einfach zu groß", sagt Dietmar Ade.

Doch wozu diente denn nun die nach Süden hin offene Holzbrüstung, die ursprünglich noch einige Meter länger war, 1990 aber vom Orkan Wiebke gehörig dezimiert wurde? Die ungewöhnliche Konstruktion stammt vermutlich aus der Zeit um 1800, als die Mauer ihre ursprüngliche Schutzfunktion weitgehend verloren hatte. Auf horizontal angebrachten Holzstangen ließen fortan Gerber, Färber und Fischer ihre Felle, Stoffe und Netze von der Sonne trocknen, berichtet der Seniorchef. „In der Nähe gab es auch eine Fellgrube, in der Häute behandelt wurden."

„Für uns Kinder war der alte Wehrgang immer ein toller Spielplatz", erzählt der Ur-Kemptener und berichtet von einem Schlupfloch am Fuße des Bollwerks, durch das man früher unauffällig durch die massive Stadtmauer krabbeln konnte. Ades Großvater hatte oben auf dem Wehrgang einen Taubenschlag eingerichtet. „Und die Wäsche wurde auch unterm Dach zum Trocknen aufgehängt." Weil es dort eng zuging, habe es damals so manchen Diskurs unter den Hausfrauen gegeben, wer denn nun wann mit dem Trocknen dran sei.

Zu Beginn des 19. Jahrhunderts standen in Kempten noch alle Türme sowie die ursprünglich neun Tore der mittelalterlichen Stadtbefestigung. Weil die trutzigen Bollwerke jedoch dem Verkehr und dem Gewinn neuen Baulands im Wege standen, wurden fast alle in den folgenden Jahrzehnten gnadenlos abgebrochen. „1866 fiel leider auch das Fischertor mit seinem schön geschwungenen Giebel der Spitzhacke zum Opfer", bedauert Ade. Dieses malerische Tor mit einer ausladenden Linde davor schloss sich direkt an das Ade-Haus an. Ein vorgelagerter zweiter Mauerzug, ein sogenannter Zwinger, zog sich außerdem von hier bis zum heutigen Kaufhof, um die Stadt noch besser vor Angriffen zu schützen. Auch er ist heute weitgehend aus dem Stadtbild verschwunden.

Markus Raffler

So geht's zum Wehrgang:

Das markante Stadtmauerstück befindet sich in der Nähe der Fußgängerzone, an der Ecke von Fischer- und Beethovenstraße.

Initialen

Feinste Schmiedehandwerkskunst

Das Zumsteinhaus zählt zu den bekanntesten Bauwerken der Stadt Kempten. Nicht nur, weil es seit Ende 2019 das Stadtmuseum beherbergt, sondern weil es zusammen mit der Basilika St. Lorenz zu den beliebten Postkartenmotiven zählt. Im Stadtpark gibt es längst einen „Selfie-Point" für Kemptener und Gäste der Stadt, die sich mit dem Haus in seiner markanten Farbe verewigen. Doch die meisten Gäste sehen vermutlich nur das Haus und den weiß-blauen Himmel. Ob sie wohl die drei Buchstaben in dem schmiedeeisernen Zumsteintor bemerken? Das Tor bildet seit 1960 den Rahmen für die Terrasse des Residenzcafés. Hier treffen sich Jung und Alt gerne auf eine Tasse Kaffee und einen Kuchen und genießen die Lage zwischen Stadtpark und Residenz.

Der Historiker Dr. Wolfgang Petz hat die weitgehend unbekannte Geschichte des Portals zum Stadtpark genau recherchiert: „Die Familie Zumstein hatte einen Obstgarten, der bis zur Schwaigwiese reichte. Mit dem schmiedeeisernen Tor wollte sie die Gartenanlage repräsentativ zur Geltung bringen und so das Interesse der Kemptener daran wecken." Die Familie Zumstein stammte ursprünglich aus dem Aostatal und kam Ende des 18. Jahrhunderts nach Kempten. 1784 meldete Nikolaus Zumstein beim Fürststift die Handelsgesellschaft „Zumstein & Vincent" mit einem Warenlager im Landhaus an. Das Unternehmen Zumstein handelte bis in das 19. Jahrhundert mit Textilien, insbesondere mit Seide.

Johann Joseph (1742-1822) und Johann Nikolaus Zumstein (1757-1832), die Söhne des Nikolaus Zumstein (1710/20-1789), ließen im Jahr 1802 ihr Anwesen gegenüber der fürstäbtlichen Residenz erbauen. Petz urteilt: „Es ist das einzige Kaufmannspalais der Stiftsstadt, das von der repräsentativen Wirkung her mit den Häusern der großen reichsstädtischen Fernhandelsfamilien vergleichbar ist." Die Zumsteins wollten damit zeigen, dass sie eine erfolgreiche und wohl-

Wolfgang Petz am Zumsteintor mit den Initialen.

habende Handelsfamilie sind: „Sie haben sich diese Lage gezielt ausgesucht.“

Das Portal zum Zumsteingarten folgte 1830. Johann Nikolaus Zumstein gab es zwei Jahre vor seinem Tod beim Schlossermeister Narziss Musch (1779-1866) in der Stiftsstadt in Auftrag. „Die vielen Metallelemente sind wie der Entwurf für einen Hauseingang gestaltet, unten die Treppenanlage mit Geländer, in der Mitte der Vorplatz und darüber Füllungen wie Haustüren. Oben dann ein Korbbogen, in dem sind die Initialen des Auftraggebers versteckt, die Buchstaben JNZ“, erklärt Petz. Für ihn ist das feinste Handwerkskunst. Er hat noch mehr herausgefunden: „Musch war stolz auf die aufwändig gestaltete perspektivische Darstellung. Die Löwen als Emblem der Zumstein geben dem Tor einen besonderen Akzent. Eine nachträglich angefertigte Darstellung, die eben den besonderen Stolz von Musch auf seine Leistung dokumentiert, hängt im Museum.“ Das Tor war ursprünglich direkt an die Hausfassade angeschlossen. 1951 erwarb die Stadt Kempten das Zumsteinhaus von einer Erbengemeinschaft der Familie Zumstein. Mit dem Neubau der Langen Stände in den Jahren 1959/60 gab es eine neue Platzgestaltung rund um den Albert-Wehr-Brunnen und das Tor wurde um einige Meter nach Südosten verlegt.

Seit 1949 rückt es einmal im Jahr in den Fokus der Öffentlichkeit. Bei der Eröffnung der Allgäuer Festwoche führt der jeweils amtierende Oberbürgermeister seine Gäste, in der Regel dabei sind der bayerische Ministerpräsident und die Allgäuer Abgeordneten, durch das Zumsteintor aufs Festgelände. Das Tor bildet dann jeweils den Rahmen für das Erinnerungsfoto. Und wer genau hinsieht, entdeckt auf dem einen oder anderen auch das Initial.

Ralf Lienert

So geht's zu den Initialen:

Das Tor steht zwischen Zumsteinhaus und dem Residenzcafé am Residenzplatz.

Kunstmaler Franz Weiß malte Ritter Heinrich erst mit Mantel und Lendenschurz. Später überpinselte er sein Werk mit dem nackten Recken.

04

Heinrich

Warum ein nackter Ritter vom Rathaus grüßt

Der Rathausplatz ist so etwas wie die gute Stube der ehemaligen Reichsstadt Kempten. Im Sommer verwandeln ihn Bars und Cafés zu einer Piazza mit norditalienischem Flair. Hier trifft man sich, hier legt man eine Pause ein vom geschäftigen Treiben der Fußgängerzone. An einem der Tische sitzt Rodica Menzel. Sie ist Germanistin und kam durch ihren Mann nach Kempten. Ihre Begeisterung für die Stadt teilt sie gerne mit Gästen und führt sie durch die Altstadt. Die gebürtige Rumänin genießt das Leben in der Stadt. Wie so oft blickt sie erst auf den Rathausbrunnen mit der Figur eines römischen Feldherrn und dann auf die Südseite des Rathauses. Von dort oben begrüßt als Gemälde Ritter Heinrich der Kempter die Bürger und Gäste der Stadt. An sich nichts Ungewöhnliches, doch der stattliche Mann ist nur mit einem Schwert bekleidet. Rodica Menzel schmunzelt beim Anblick des nackten

Recken und stellt fest: „Heinrich war ein ganz lockerer und gerechter Typ, den hätte ich gerne kennengelernt."

Die Geschichte des geheimnisvollen Ritters reicht ins 10. Jahrhundert zurück. Damals hieß die Stadt an der Iller noch Campimont, was sich aus dem römischen Cambodunum ableitete und woraus sich später der Name Kempten entwickelte. Deshalb hieß der Ritter damals Heinrich Ritzner von Campimont, später dann Heinrich von Kempten oder kurz: Heinrich der Kempter.

„Heinrich war ein ganz lockerer und gerechter Typ, den hätte ich gerne kennengelernt."

Im 10. Jahrhundert gab es schon ein Kloster in der Kemptener Mark, aus der später das Fürststift Kempten entstand. In der *Stadtchronik* steht über dieses Jahrhundert: „Zum dritten Mal innerhalb von 30 Jahren wird Kempten von den ungarischen Kriegern verwüstet."

Es war die Zeit der Feldzüge und Ritter mit Schild und Schwert, die oft jahrelang fern ihrer Heimat kämpften. An der Spitze des Reiches stand Kaiser Otto I., auch Otto der Große genannt (912-973). Und eben ihm rettete der Allgäuer Ritter Heinrich auf recht unkonventionelle Weise das Leben.

Auch wenn man Ritter Heinrich nachsagt, er sei ein Lebensretter: Sicher ist das nicht. Denn es ist nicht einmal sicher, ob es Heinrich den Kempter überhaupt gab. Und wen es nicht gibt, der kann für gewöhnlich auch kein Leben retten. „Er ist der Held einer Erzählung aus dem Mittelalter", ordnet Rodica Menzel ein. Die Verserzählung mit 770 Paarreimen aus der Feder des Lyrikers Konrad von Würzburg (zwischen 1220 und 1230-1287) berichtet über die Verbannung des Ritters und die Zurückgewinnung der kaiserlichen Gnade.

Rodica Menzel kennt die Geschichte genau: Dieser zufolge war Heinrich an Ostern 953 mit vielen anderen Adeligen in Bamberg und begleitete der Sage nach den einzigen Sohn des Herzogs von Schwaben. Der Junge nahm vor dem offiziellen Beginn des Mahls ein Brot vom Tisch. Wegen dieses Verstoßes gegen die höfische Sitte wurde er vom kaiserlichen Truchsess geschlagen, es floss Blut, es flossen bitterlich geweinte Tränen. Ritter Heinrich von Kempten stellte den Truchsess empört zur Rede. Der war sich jedoch keiner Schuld bewusst und wies Heinrich arrogant ab, was den Allgäuer Ritter noch wütender machte. „Da nahm Herr Heinrich einen großen Knüttel und spaltete des Truchsessen Schädel, dass er wie ein Ei zerbrach und der Mann tot zu Boden sank“, schreibt Karl Reiser in seinem Buch über die Sagen des Allgäus.

Als der Kaiser in den Speisesaal eintrat und den toten Truchses¬sen vorfand, ließ er sogleich den Schuldigen zu sich bringen und verurteilte Heinrich zum Tode. Karl Reiser beschreibt den Regenten: „Kaiser Otto der Große wurde in allen Landen gefürchtet und war strenge und ohne Milde und trug einen schönen roten Bart.“ Heinrich war jedoch fest entschlossen sich zu wehren, packte Kaiser Otto am Bart, hielt ihm ein Messer an die Kehle und erzählte seine Sicht der Vorgänge. Daraufhin nahm der Kaiser das Todesurteil zurück, untersagte Heinrich aber, jemals wieder an den Hof zu kommen.

Rodica Menzel ist fasziniert vom Leben des Ritters Heinrich der Kempter.

Die Jahre vergingen. Und dann, im Jahr 961, kommt Kempten ins Spiel. Als Otto der Große mit einem langen Heerzug von Augsburg nach Italien aufbrach, forderte er unter anderem im Stift Kempten Soldaten an, unter ihnen auch Heinrich von Campimont. Das Heer erreichte kampflos Rom, wo Papst Johannes XII. (937 oder 939- 964) den gefürchteten Otto zum Kaiser krönte. Ein Jahr später kam es zum Feldzug gegen Berengar II. (900-966), der sich in die als uneinnehmbar geltende Burg San Leo bei San Marino zurückzog.

Nun sollte Heinrichs große Stunde schlagen. „Sein Zelt ließ er ein wenig seitwärts vom Heere aufschlagen. Eines Tages lag er da und badete in einem Zuber und konnte aus dem Bad in die Gegend schauen“, schreibt Karl Reiser. Zeitgleich traf sich Kaiser Otto I. in der Nähe mit einigen italienischen Bürgern, um die Übergabe der Stadt zu verhandeln. Die Unterhändler wollten aber nicht reden, sondern den Kaiser entführen. Heinrich der Kempter hörte das Klirren der Waffen, sprang nackt aus seinem Badezuber, griff sich Schwert und Schild und eilte dem Kaiser zu Hilfe. Der Sage nach streckte Heinrich etliche Angreifer nieder und beschützte Otto so lange, bis Verstärkung eintraf. Anschließend stieg der Allgäuer wieder in seinen Zuber und badete weiter. „Der hochgeborne Kaiser lieh und gab ihm großen Reichtum und brachte ihn zu Ehren deret man noch gedenkt", ist bei Karl Reiser zu lesen.

An den Ritter erinnert auch die Heinrichgasse unweit des Rathauses. Dort gibt es eines der bekannten Kemptener „Täfele", das von der Rettung Kaiser Ottos berichtet. 1939 malte Franz Weiß (1903-1981) ein erstes Fresko mit der Legende des Heinrich von Kempten auf die Rathauswand. Dieser hatte noch einen Mantel um die Schultern und ein Tuch um die Lenden. Nach dem Zweiten Weltkrieg baute der Kunstmaler sein Gerüst noch einmal auf und gestaltete die heutige Fassung. Zu beiden Heinrich-Darstellungen gab es jeweils einen erklärenden Text auf der Mauer. Dieser wurde bei der Rathaussanierung im Jahr 1987 übermalt.

Rodica Menzel findet die Legende vom nackten Ritter ungemein spannend. Für sie ist Heinrich der Kempter längst eine Kultfigur.

Ralf Lienert

So geht's zum Heinrich:

Das Rathaus liegt im Herzen der ehemaligen Reichsstadt Kempten zwischen Fußgängerzone und St.-Mang-Platz. An der Südfassade ist das Bild im zweiten Stock zu sehen.

Dr. Gerhard Weber neben dem rätselhaften Burghalde-Brunnen.

05

Brunnen

Wo die Römer angeblich einen Schatz versenkten

Dieses Burgplateau hat es wirklich in sich: Immer wieder wird in alten Kemptener Chroniken von sagenhaften Begebenheiten rund um die Burghalde berichtet. Von unterirdischen Stollen ist da die Rede, von einem geheimen Gang hinüber ins Rathaus der Stadt – und von Schätzen aus uralten Zeiten. „Da gibt es tatsächlich allerlei Mythen", bestätigt der frühere Stadtarchäologe Dr. Gerhard Weber schmunzelnd. „Die meisten dieser spannenden Geschichten halten einer ernsthaften Prüfung allerdings nicht stand."

Gerhard Weber steht direkt neben einem der großen Geheimnisse der Stadtburg – und das ist auf keinen Fall ein Hirngespinst: Der historische Brunnen der Burghalde hat sich bis in die heutige Zeit hinübergerettet. Ein massives schmiedeeisernes Gitter schließt den sorgsam gemauerten Schacht aus Roll- und Bruchsteinen ab. Der führt senkrecht nach unten. Doch was sich genau in der Tiefe verbirgt, das weiß heute niemand mehr genau. „Man hat den Schacht im 19. Jahrhundert bis hinunter zur Sohle freigelegt", erläutert Geschichtskenner Roger Mayrock. „Auf Wasser ist man dabei aber nicht gestoßen." Dabei reichte der ursprünglich etwa 35 Meter tiefe Brunnen einst bis zum Illerniveau hinab. Heute ist er ein gutes Stück verschüttet und führt nur noch etwa 17 Meter nach unten – als Relikt, für das es keine Verwendung mehr gibt.

Die 1950 errichtete Freilichtbühne liegt neben dem Brunnen auf dem Burgplateau.

Mayrock geht davon aus, dass der Brunnen vermutlich im späten Mittelalter gegraben wurde, um den nun als Zitadelle dienenden Berg mit Trinkwasser zu versorgen. Auch ein Brunnenhaus zum Schutz vor Verunreinigungen gab es vermutlich. „Ein Brunnen solcher Tiefe war in der damaligen Zeit eine kostspielige Sache", verweist Mayrock auf vergleichbare Beispiele. Wie lange dieser Brunnen genutzt wurde, darüber gibt es keine historischen Informationen. Aber eine Stadtansicht von 1628 zeigt einen bereits stillgelegten, mit Brettern verschlossenen Schacht. Stadtchronist Philipp Jakob Karrer berichtet 1828 davon, dass der Brunnen während des Dreißigjährigen Krieges (1618-1648) für 1000 Gulden instandgesetzt worden sei.

Angelegt wurde der Ziehbrunnen laut Karrer bereits in antiker Zeit. „Rein technisch wäre das durchaus möglich gewesen", lautet dazu die Einschätzung des früheren Stadtarchäologen Dr. Gerhard Weber. „Klare Hinweise dafür gibt es aber nicht." Als sicher gilt dagegen, dass die Römer auf dem Plateau und am Fuß der Burghalde im späten dritten Jahrhundert eine befestigte Siedlung errichteten. „In Kempten war ab dieser Zeit eine Einheit der III. italischen Legion stationiert, die von der Burghalde aus den Donau-Iller-Limes sicherte", erläutert Weber.

Schließlich war Kempten in den unruhigen Jahren der Alamanneneinfälle zur Grenz- und Garnisonsstadt geworden. Befehligt wurde die römische Einheit mit ihren rund 200 Soldaten von einem „Praefectus". Die Legionäre waren für die Grenzsicherung bis mindestens zum nächsten Grenzkastell bei Isny zuständig. Eine massive Wehrmauer schützte die römische Garnisonsstadt samt ihrer zivilen Bevölkerung. Diese war vermutlich ab etwa 280 nach Christus als Nachfolgerin der unbefestigten Zivilstadt auf dem Lindenberg entstanden.

„Römische Funde auf der Burghalde sind allerdings dünn gesät", fährt Dr. Gerhard Weber fort. Zwar wurden in den vergangenen Jahrzehnten Fibeln, Keramikreste und viele Münzen geborgen. Auch einige Gebäudereste sowie Fundamente der Wehrmauer mit „recycelten" Säulenresten kamen zum Vorschein. „Umfassende Befunde gab es aber nie", bedauert Weber. Denn die Burghalde wurde nach dem Untergang des Römischen Reiches im späten fünften Jahrhundert immer wieder neu genutzt und umgestaltet. Bis hin zur Zeit des Zweiten Weltkriegs, als die Nationalsozialisten Stollen und Bunker in den Burghügel treiben ließen. „Auch der Bau der Freilichtbühne 1950 hat viele Spuren beseitigt", erläutert Weber.

Ob das auch für den Römerschatz gilt, den die Burghalde angeblich im Mittelalter freigegeben hat? Der Legende nach ließ der Kemptener Abt Konrad den verschütteten Brunnen im Jahr 850 wieder aufgraben. Dabei kam laut Stadtchronist Karrer „eine eiserne Lade mit vielen alten römischen Münzen und Edelgesteinen" zutage. Das Kuriose: In den Annalen des Kemptener Klosters findet sich kein Abt dieses Namens. Und auch sonst fehlt von den sagenhaften Pretiosen jede Spur.

Markus Raffler

So geht's zum Brunnen:

Der mit einem Gitter abgeschlossene Brunnen befindet sich am nördlichen Ende der Freilichtbühne. Er wird vom Burghalde-Eingang aus von einer Hecke abgeschirmt.

Ruinen

Tragisches Unglück fordert zwei Menschenleben

Es war der 7. Dezember 1920 um 12.50 Uhr, als eine gewaltige Explosion den Kemptener Stadtrand am Fuß des Mariabergs erschütterte. Der laute Knall sei noch in der vier Kilometer entfernten Stadtmitte zu hören gewesen, so beschrieben es damals Zeitzeugen. An etlichen Häusern oben auf dem Mariaberg ließ die Druckwelle die Fensterscheiben bersten. Und im nahe gelegenen Ort Rothkreuz soll die Detonation sogar den Kamin eines Hauses vom Dach gerissen haben.

Die Rede ist von einem Ereignis, das sich damals tief ins Gedächtnis der Kemptener eingebrannt hat. An jenem 7. Dezember 1920 flogen Teile der Pulverfabrik an der Rottach in die Luft. Zwei Mitarbeiter wurden durch die Explosion auf der Stelle getötet, ihre Körper durch die Luft geschleudert und verstümmelt. Nur noch wenige Kemptener wissen heute von dem tragischen Vorkommnis. Dabei finden sich nahe dem Fluss Rottach, verdeckt von Bäumen und Büschen, noch immer Ruinen der Fabrik. Einzelne Gebäude werden sogar bis heute bewohnt.

Hans Henkel, früher Leiter des Kemptener Hochbauamtes, hat sich intensiv mit der spannenden Geschichte der „Pulvermühle" befasst, hat Archive besucht und Zeitungsartikel gesichtet. „Ich stamme selbst aus Rothkreuz. Mein Onkel hat lange Zeit in einem der Gebäude der Pulvermühle gewohnt", verrät er.

Gründer der Pulverfabrik war laut Hans Henkel der Bauernsohn Johann Baptist Egger vom Mariaberg, der im Volksmund „Pulver-Hans" genannt wurde. Er hatte ab etwa 1842 am Fuß des Kalbsangsttobels eine kleine Mühle betrieben, die Pulverherstellung dann aber ausgeweitet und an die Rottach verlegt. „Dort entstanden auf dem weitläufigen Firmengelände nach und nach zahlreiche Produktions- und Lagergebäude", berichtet Henkel. Ein ausgeklügeltes Kanalsystem sorgte dafür, dass die verschiedenen Produktionsbereiche ausreichend mit Wasserkraft versorgt wurden. Zudem verband ein Schienennetz

Die Ruinen der Pulverfabrik sind heute von Bäumen und Büschen überwuchert. Die Schutzmauer grenzte vor über 100 Jahren direkt an das Polierwerk an.

für große Rollwagen die verschiedenen Gebäude miteinander.

Zum Betrieb gehörten neben dem Polierwerk aus Fachwerk, in dem sich die folgenschwere Explosion ereignete, auch zwei Stampfwerke, ein sogenanntes Rondier- und Siebekörnwerk, ein Trockenhaus, ein Wiegehaus, eine Kantine sowie Werkstätten und zahlreiche Magazine zur Lagerung des Schwarzpulvers. An mehreren Stellen wurden rund fünf Meter hohe und fast ein Meter dicke Schutzmauern aus Stampfbeton als Barriere zwischen den Gebäuden errichtet.

„Wie viele Mitarbeiter die Fabrik hatte und welche Pulvermengen dort pro Jahr hergestellt wurden, ist leider nicht dokumentiert", erläutert Henkel. Sicher ist nur, dass während des Ersten Weltkrieges (1914-1918) Hochbetrieb in dem Unternehmen herrschte, das inzwischen zu den „Vereinigten Köln-Rottweiler Pulverfabriken" gehörte. Nach Kriegsende jedoch brach die Nachfrage massiv ein. Die Belegschaft an der Rottach wurde heruntergefahren, produziert wurde nur noch Spreng-, Böller- und Musketenpulver. Ironie des Schicksals: „Zum 1. Januar 1921, also drei Wochen nach der Explosion, hätte der Betrieb wegen der geringen Auslastung geschlossen werden sollen", so Hans Henkel.

Hans Henkel steht vor der Kantine, die einst die Mitarbeiter versorgte. Das Gebäude blieb erhalten und ist heute bewohnt.

Wie genau es an jenem verhängnisvollen Tag zu dem Unglück kam, ist bis heute nicht geklärt. Belegt ist nur, dass die beiden getöteten Mitarbeiter, der 24-jährige Vorarbeiter Johann Krebs und der 57-jährige Matthias Frommknecht (Posthalter aus Rothkreuz) einen hölzernen Radkamm des Triebrads im Polierwerk auswechseln wollten. „Dabei haben sie wohl statt eines Kupferhammers einen Stahlhammer verwendet", sagt Henkel. „Dieser schlug einen Funken, der das Schwarzpulver im Polierzylinder explodieren ließ."

Das *Allgäuer Tagblatt* beschrieb am Tag danach in einem ausführlichen Bericht die tragischen Geschehnisse, die zwei Mitarbeiter das Leben gekostet hatte: „Plötzlich erschütterte ein furchtbarer Knall die Luft. Das Polierhaus war in die Luft geflogen, die Atmosphäre war von

Pulverdampf geschwängert, einige Gebäude brannten, auch die Bäume, welche in der Nähe standen, brannten. Schwere Maschinenteile, Balken, Bretter, dicke Mauerquadern, verbogene Eisenteile usw. bildeten ein wirres Durcheinander." Selbst zentnerschwere Maschinenteile wurden weggeschleudert und bohrten sich viele Meter entfernt in den Boden.

„Die anderen Beschäftigten und der Fabrikverwalter, ein Herr Kreuzberger, waren zum Glück gerade in der Kantine beim Mittagessen", ergänzt Henkel. „Sonst wäre das Ganze noch weitaus schlimmer ausgegangen." Der mit 20 Mann anrückenden Feuerwehr der damals selbständigen Gemeinde St. Lorenz bot sich ein Bild des Schreckens. Ihrem mutigen Einsatz war es zu verdanken, dass die Brandherde, die nach der Explosion rings um das Polierhaus loderten, nicht weitere Pulverbestände entzündeten. „Auch die Schutzmauern hatten sich bewährt. Ohne sie hätte die Druckwelle noch mehr Schaden angerichtet", ist Henkel überzeugt.

Die Explosion verband die Angehörigen der beiden Verunglückten über viele Jahrzehnte hinweg: Bis in die 1980er-Jahre hinein besuchten die Nachkommen der Todesopfer die Grundmauern des Polierhauses im Gedenken an das Unglück.

Markus Raffler

So geht's zu den Ruinen:

Das Fabrikgelände liegt am westlichen Stadtrand, am Aufgang zum Mariaberg. Es befindet sich in Privatbesitz, ist aber zugänglich. Um es zu erreichen, biegt man von der Leutkircher Straße in den Pulvermühlweg ab. Das Auto parkt man am besten nach der Brücke über die Rottach und wandert etwa 600 Meter weit, bis sich die Trasse gabelt. Von hier aus führt die linke Straße nach kurzer Strecke zu einer weiteren Gabelung. Von dort sind es nur ein paar Meter nach links zum Haus Nr. 91 ¼. Die Ruinen liegen zwischen dem Gebäude und der Rottach.

07

Wasserrad

Geheimnisvolle Kraftquelle

„Geht nicht, gibt's nicht", ist eine viel zitierte Antwort der Allgäuer Handwerker. Mit dieser Einstellung wurden schon viele Erfindungen auf den Weg gebracht. In Kempten gingen beispielsweise Kühlschrank-Erfinder Carl von Linde (1842-1934), Luftpionier Claude Dornier (1884-1969) und Astronaut Reinhard Furrer (1940-1995) zur Schule. Doch ohne Energie geht in den meisten Betrieben kaum etwas. Deshalb haben die findigen Allgäuer Tüftler schon vor über 500 Jahren eine geheimnisvolle Kraftquelle entwickelt: den Schlangenbach. Um ihn ranken sich bis heute Mythen und Geschichten. Einer, der sie alle kennt, ist Bruno Steinmetz. Er beschäftigt sich seit Jahrzehnten mit dem sagenumwobenen Wasserlauf, der in der Stadt leider kaum mehr sichtbar ist: „Seit der Neugestaltung von Residenz- und Hildegardplatz zeigen einige Steinplatten den früheren Bachverlauf und vor der Residenz wurde eine Wasserrinne angelegt."

Tiefbauexperte Steinmetz räumt aber gleich mit einer Mär auf: „Der Schlangenbach hat überhaupt nichts mit Schlangen zu tun. Sicher gibt es an den Gewässern in der Region Ringelnattern, Kreuzottern und Blindschleichen, aber die haben mit diesem Bach gar nichts zu tun."

Der Schlangenbach heiße so, weil er sich durch die ganze Stadt Kempten schlängle, erklärt der Experte. Er vermutet, dass bereits im 12. Jahrhundert der sogenannte Wiesbach durch einen Stollen in die Stadt geleitet wurde. „Die Betriebe im Fürststift und in der Reichsstadt benötigten das Wasser als Energiequelle zum Antrieb von Mühlen, Sägen und Stampfen. Außerdem wurden über den Bach Abwässer entsorgt", beschreibt Steinmetz die Voraussetzungen. „Damals gab es weder Elektrizität noch Erdöl." Er hat als Baudirektor viele Straßen und Kanäle erneuert und stieß immer wieder auf das mittelalterliche Wassersystem. „Als ich 1992 in Ruhestand ging, habe ich mich inten-

Der langjährige Kemptener Baudirektor Bruno Steinmetz am Wasserrad im Calgeerpark.

siv damit beschäftigt und Erstaunliches gefunden. Der Schlangenbach war eine Fernwasserversorgung, für die sogar Wasserläufe vom Rhein in die Donau umgeleitet wurden."

Im Laufe der Zeit wuchsen sowohl die Ansprüche der Reichsstadt als auch die des Stiftes Kempten. Das brachte einen erhöhten Wasserbedarf mit sich und beschleunigte die Ausbaupläne der Wasserkraft. Und so liegt das wohl größte Geheimnis des Schlangenbachs viele Meter tief unter dem vierspurigen Adenauerring versteckt. „Dort befindet sich der Eggener Stollen, durch den der Bach in die Stadt geleitet wurde. Er wurde 1493 von Bergleuten 300 Meter lang in den Fels gehauen und ist bis heute erhalten", erläutert Steinmetz. „Ich habe Hochachtung vor den bautechnischen Herausforderungen und der Ingenieurleistung, mit denen vor 500 Jahren der Schlangenbach gebaut wurde."

Letztendlich entwickelten die Fürstäbte ein Wassersystem vom 999 Meter hoch gelegenen Eschacher Weiher westlich der Stadt über eine Laufstrecke von 14,5 Kilometern bis hinein in die Reichsstadt Kempten. Dort wurde dann auch ein Bach umgeleitet, der ursprünglich in Richtung Rhein floss und jetzt über die Iller in die Donau mündet. Bruno Steinmetz hat herausgefunden, wie viel Handarbeit dabei notwendig war, um die natürlichen Wasserläufe mit künstlich angelegten Kanälen zu verbinden: „Die künstlichen Kanäle umfassten rund ein Drittel der gesamten Kanallänge. Drei große aufgestaute Weiher dienten als Wasserreservoir für das Stift und die Reichsstadt."

Das Wasserrad erinnert an die Schreinerei Eiband.

Dabei ging Fürstabt Rupert von Bodman nicht gerade zimperlich mit seinen Untertanen um. Beim Studium der Unterlagen entdeckte Steinmetz, dass der Fürstabt die Bauern enteignete, ohne ihnen einen entsprechenden Ausgleich zu gewähren. Als sich die Bewohner des Dorfes Eschach gegen den Kanalbau wehrten, wurden sie mit folgenden Worten zur Räson gebracht: „Man könne mit den leibeigenen Leuten nach Belieben umgehen und ihnen die Kutteln aus dem Leibe heraushaspeln" oder ihnen gar die „Fußsohlen vom Fuß schneiden".

„Der historische Bach ist ein Stück Manufaktur- und Gewerbegeschichte", urteilte 1971 der damalige Stadtarchivar Dr. Wolfgang Haberl (1927-2012). Letztlich wurden 30 verschiedene Mühlen und Sägewerke durch das Fernwassersystem versorgt. Eine davon war das Anwesen Eiband in Kempten, von dem heute noch das Herzstück erhalten ist, das Wasserrad. „Die Mühle wurde 1785 als Lohstampf und Ölmühle errichtet", weiß Bachexperte Steinmetz. Die Nutzung wechselte ab 1827 laufend: Mühle, Gipsmühle, Schreinerei, Wattefabrik, Dampfwaschanstalt, Spulenfabrik und Drechslerei für Holz, Bein und Eisen. „1904 etablierte sich die Schreinerei Magnus Eiband, die 1972 abgebrochen wurde", hat der Bauexperte recherchiert. Das imposante Wasserrad aus der Werkstatt wurde gerettet und anschließend im Calgeerpark aufgestellt.

Steinmetz wird immer wieder mal nach der Geschichte des Rades gefragt. „Wir hätten uns schon viel früher dem Bach widmen sollen", sagt er selbstkritisch. „Für mich ist das Mühlrad das Symbol für die vielen Mühlen, die bis in die 1960er-Jahre in Betrieb waren." Jetzt möchte Steinmetz den Schlangenbach dem Vergessen entreißen und einen Erlebnispfad aufbauen, um ihn wieder mehr ins Bewusstsein zu bringen: „Vielleicht gelingt es uns, dass in der Stadt wieder ein Stück Schlangenbach plätschert."

Ralf Lienert

So geht's zum Wasserrad:

Das mächtige Wasserrad der Schreinerei Eiband steht im Calgeerpark an der Einmündung von der Bodmanstraße in den Adenauerring.

Feldherr

Römischer Kaiser glänzt in antiken Ruinen

Erhaben steht er auf seinem Sockel, wie ein Feldherr vor Beginn der Schlacht – sein Brustpanzer ist edel und filigran gearbeitet, der rechte Arm weist zielstrebig in die Ferne. Keine Frage: Der über zwei Meter große Prachtkerl ist nicht irgendjemand, er ist eine echte Führungsfigur. Und da er inmitten des römischen Kempten im Stadtteil Lindenberg thront, könnte er durchaus ein römischer Imperator sein. „Treffer“, sagt Stadtarchäologin Dr. Maike Sieler mit einem ansteckenden Lachen. „Wir stehen hier neben Kaiser Augustus, der das römische Reich zur Zeit der Kemptener Stadtgründung regiert hat.“ Das war um das Jahr 0 herum, also direkt zur Zeitenwende. Cambodunum wurde Kempten damals genannt – abgeleitet vom Namen einer bis heute unauffindbaren keltischen Siedlung, der übersetzt in etwa „Burg an der Flusskrümmung“ bedeutet.

„Wir stehen hier neben Kaiser Augustus, der das römische Reich zur Zeit der Kemptener Stadtgründung regiert hat.“

Natürlich ist der imposante Augustus, der frei zugänglich neben antiken Mauern im Archäologischen Park Cambodunum (APC) steht, kein Original. Er wurde auch nicht bei einer der vielen Grabungs-Kampagnen gefunden, bei denen das römische Kempten seit 1885 Stück für Stück freigelegt wurde, und bei denen tonnenweise Münzen, Keramik, Schmuck, Waffen, Handwerksgeräte und Alltagsutensilien zutage kamen. Und dennoch gibt es gute Gründe dafür, eine Kopie dieser berühmten Statue aus Kunststein genau an diesem Platz aufzustellen. „Hier stand einst das sogenannte Propylon, ein prächtiger Säulenbau. Er bildete den Zugang zum Forum, dem Marktplatz und Zentrum der Stadt, das von Geschäften, Amtsstuben, Versammlungsräumen und einem Säulenumgang eingefasst wurde“, erklärt die Stadtarchäologin. Zu diesem Propylon gehörte auch ein Standbild. „Und

Ein Augustus-Standbild markierte im römischen Kempten den Zugang zum Forum.

das befand sich exakt an dieser Stelle", sagt Maike Sieler und zeigt auf das Denkmal. „Das wissen wir so genau, weil der Original-Sockel noch immer in einem halben Meter Tiefe im Erdboden schlummert."

Anhand der Sockelmaße lässt sich auch die Denkmalgröße recht genau rekonstruieren. „Da die Römer an solch markanten Punkten meist dem höchsten Mann im Staat huldigten, ist es sehr wahrscheinlich, dass hier schon vor 2000 Jahren ein Augustus stand." Die Kopie ist übrigens der berühmtesten Darstellung des ersten römischen Kaisers (63 v. Chr.- 14 n. Chr.) nachempfunden. Das Marmor-Kunstwerk wurde 1863 in der Villa von Augustus' Ehefrau Livia Drusilla (58 v. Chr.- 29 n. Chr.) im römischen Vorort Primaporta entdeckt und ist heute in den Vatikanischen Museen zu bewundern.

Das Denkmal gehört zum Archäologischen Park Cambodunum.

„Die Zivilstadt Cambodunum war vermutlich auf Basis eines strategischen Städtebaukonzeptes für die neu eroberten Gebiete nördlich der Alpen angelegt worden", verweist Dr. Maike Sieler auf neue Forschungsergebnisse. Aus diesem Territorium wurden später die Provinzen Germania Superior und Inferior sowie Raetien gebildet. Kempten lag am Schnittpunkt wichtiger Straßen und wurde schnell zu einer der bedeutendsten Römerstädte der Region. Mehr noch: Es war mit großer Wahrscheinlichkeit vor Augsburg (Augusta Vindelicum) erste Hauptstadt der Provinz Raetien. Wegen der frühesten schriftlichen Erwähnung einer deutschen Stadt (ca. 19 nach Christus durch den griechischen Geographen Strabon) zählt Kempten neben Trier (Augusta

Treverorum) und Köln (Colonia Claudia Ara Agrippinensium) zu den ältesten Städten im Land.

Der Kern des antiken Kempten maß laut Sieler etwa 500 mal 700 Meter. Zahlreiche Holz- und Steinbauphasen wurden vom Jahre 0 bis zum Ende des zweiten Jahrhunderts nachgewiesen. Es gab Handwerkerviertel und Verkaufsstuben, erhabene Wohngebäude mit Mosaiken und Malereien, aber auch Grabdenkmäler entlang der Ausfallstraßen. Besonders gut erforscht sind die zahlreichen öffentlichen Gebäude von Cambodunum: Neben dem Forum rechnet Maike Sieler hier repräsentative Thermen, verschiedene Tempelbezirke, den großen Versammlungsraum (Basilica) und den luxuriös angelegten Statthalterpalast dazu. „Nur das Theater haben wir noch nicht gefunden, obwohl es mit großer Wahrscheinlichkeit existiert hat", bedauert die Stadtarchäologin. Dass die Stadt ums Jahr 0 gegründet wurde, machen Wissenschaftler an den Zeitlinien der verschiedenen Fundkategorien fest – von der sehr exakt datierbaren Keramik (Terra Sigillata) bis hin zu den Münzhorten. „Auch ein Inschrift-Fragment anlässlich des Todes des Augustus-Enkels Lucius aus dem Jahr 2 nach Christus bestätigt diese Einschätzung."

Dr. Maike Sieler auf Tuchfühlung mit dem Feldherrn: Weil der Sockel saniert wurde, stand Augustus kurzzeitig im Museumsdepot.

Angesichts der Fülle hochwertiger Steinbauten blieb die Stadtgröße mit 3.000 bis 5.000 Einwohnern allerdings erstaunlich klein, findet die Archäologin – was den Schluss zulasse, dass Kempten wohl doch nicht so ausgebaut wurde, wie ursprünglich geplant. Denn ab dem späten zweiten Jahrhundert stagniert die Bautätigkeit. „Das hatte vermutlich mit der Verschiebung der Reichsgrenzen und dem daraus resultierenden Zentralitätsverlust der Stadt zu tun." Auch eine Umwehrung der Stadt, die in dieser Phase andernorts einsetzte, blieb in Kempten aus.

Erst die Einfälle der Alamannen, einer westgermanischen Volksgruppe, im dritten Jahrhundert brachten neue Dynamik ins Spiel: Etwa ab dem Jahr 270 gaben die Römer ihre ungeschützte Zivilstadt auf dem Lindenberg auf und siedelten sich am Fuß der Burghalde an (siehe Geheimnis 50). Dort entstand direkt am Illerufer ein Kastell der III. Italischen Legion sowie eine neue Siedlung mit einer wehrhaften Stadtmauer. Auch das zweite antike Kempten hatte nicht ewig Bestand – es hielt sich aber immerhin bis zum Ende des Römischen Reiches im späten fünften Jahrhundert.

Markus Raffler

So geht's zum Feldherrn:

Das Monument des ersten römischen Kaisers Augustus befindet sich nahe der Kleinen Thermen. Es liegt an einem Fußweg durch den Archäologischen Park Cambodunum (APC). Der Augustus findet sich bereits wenige Meter nach dem Beginn des Weges an der Thermenstraße (gegenüber Hausnummer 3).

Emmerich Heilinger mit Stier Roman.

09

Roman, der Stier

Ein Denkmal für ein Allgäuer Rind

Milch und Käse prägen das Allgäu seit über 2000 Jahren. Dabei haben sich die Rohstofflieferanten durch Einkreuzungen weiterentwickelt. „Die ursprünglichen Kühe vom Allgäuer Schlag waren kleiner, robust, langlebig, gutmütig und hatten harte Klauen", sagt Emmerich Heilinger, langjähriger Geschäftsführer des Milchwirtschaftlichen Vereins und Dozent an der Allgäuer Heimat Akademie. Er kennt das Geheimnis des Allgäuer Braunviehs, das heute auf den Wiesen steht: „Die Milch hat eine höhere Käsereitauglichkeit als die von anderen Rassen." Den Allgäuer Rindern hat Bildhauer Ludwig Eberle (1883-1956) mitten in der Stadt Kempten ein tonnenschweres Denkmal gesetzt. Das Modell dafür war der Stier Roman aus dem Stall von Gutsbesitzer Kollmann im Oberallgäuer Weitnau.

Heilinger ist vertraut mit der Entstehung dieses ersten Denkmals der Tierzucht in Deutschland. „Eberle machte auf dem Hof in Weitnau unzählige zeichnerische und plastische Studien, ehe er in seinem Atelier am Biedersteinerpark in München die Figur aus Muschelsteinkalk schlug." Der 14-tägige „Feinschliff" an dem zweieinhalb Tonnen schweren Stein vor der Tierzuchthalle sorgte für großes Interesse der Kemptener Bevölkerung. Kein Wunder, denn: „Hier im Allgäu gilt die Milch als weißes Gold", unterstreicht Heilinger.

„Die Milch war schon vor Jahrhunderten die Basis für die Selbstversorgung der Bauernhöfe", sagt der Experte. Die Landwirte belieferten insbesondere mit Butter und Käse auch die Adelshöfe und Klöster. Außerdem wurden auf den Sennalpen haltbare Käsesorten hergestellt. Vor 200 Jahren traten mit Johann Althaus (1798-1876) und Carl Hirnbein (1807-1871) zwei Käsepioniere auf die Bühne und veränderten die Allgäuer Landwirtschaft nachhaltig: So führte Hirnbein im Allgäu die Weichkäserei (Limburger und Romadur) ein und schuf auch Absatzmärkte, der schweizer Sennermeister Althaus brachte den Erfolg für den Emmentaler ins Allgäu.

Roman steht auf dem Gelände der Allgäuhalle.

Die Einführung dieses rentablen Milch-Veredelungsproduktes trug maßgeblich dazu bei, dass sich im Allgäu fortan die Grünlandwirtschaft gegenüber der Produktion von Getreide und Flachs durchsetzte. „Durch die Einkreuzung von Tieren aus der Schweiz und Österreich wurde die Milchleistung deutlich nach oben geschraubt", beschreibt Heilinger die Entwicklung der Allgäuer Rinder. „Trotz des höheren Milchausstoßes blieben die Allgäuer Tiere Zwei-Nutzungs-Kühe. Will heißen: Am Ende ihres Daseins wurden sie geschlachtet und dienten nun nicht mehr als Milch-, sondern auch als Fleischlieferanten."

Es ist ein Fehler zu glauben, Allgäuer Kühe gäbe es nur im Allgäu: „Das Allgäuer Vieh kommt überall auf der Welt zurecht, egal ob im Hochgebirge oder in den Tropen", sagt der Milchexperte stolz. Deshalb habe der Handel mit Allgäuer Vieh immer noch eine große Bedeutung: „Die Tierzuchthalle Kempten ist in Fachkreisen weltweit bekannt."

Milch, Käse, malerische Berge und hübsche Kühe. Wer denkt bei diesen Begriffen nicht sofort ans Allgäu. Doch weit gefehlt wer glaubt, man müsste unbedingt hierher reisen, um die Prachtexemplare zu sehen. In Kamerun zum Beispiel geht das auch. 1898 wurden die ersten zehn Allgäuer Tiere exportiert. Bauer Peter Hipp aus Pfronten begleitete die Tiere, die sich dort gut akklimatisiert haben. 1899 folgte der zweite Transport dorthin, der sich ebenfalls bewährte. Im Buch über die *Geschichte der Allgäuer Milchwirtschaft* schreibt Dr. Hans Wolf: „1909 war die Herde auf zwölf Allgäuer Stiere und Ochsen und 265 Kühe angewachsen." Weitere Tiere landeten in Brasilien, Mexiko, Kuba und Deutsch-Südwestafrika, dem heutigen Namibia.

Um den Handel richtig ankurbeln zu können und Kempten als Marktplatz für Großvieh zu festigen, entwickelte der Kemptener Bürgermeister Dr. Otto Merkt (1877-1951) die Pläne für eine Auktionshalle, die Platz für 1.000 Personen bot. „Die Allgäuer Tierzuchthalle in Kempten wurde am 19. August 1928 eröffnet", schreibt Wolf.

„In den Jahren zwischen 1920 und 1940 hatte der Landkreis Kempten die meisten Kühe im Allgäu", fand Heilinger heraus. Stier Roman blickte schon damals mit seinen steinernen Augen auf die Halle, die nach den Plänen der Architekten Heydecker gebaut wurde. „Damals gingen die Züge noch in den Alten Kemptener Bahnhof und vom Zug aus konnte man immer das Hinterteil des Stiers sehen", weiß Heilinger.

Während des Zweiten Weltkriegs wurde die Tierzuchthalle zum KZ-Außenlager Kempten und war vom 15. September 1943 bis 25. April 1945 eines der 169 Außenlager des Konzentrationslagers Dachau. In ihm mussten bis zu 850 männliche KZ-Häftlinge Zwangsarbeit für die Rüstungsindustrie leisten. Nach dem Ende des Zweiten Weltkriegs wurde die Tierzuchthalle als Flüchtlingsunterkunft verwendet.

In den 1950er-Jahren etablierte sich langsam der Name *Allgäuhalle*, der dann in den 1970-Jahren den bisherigen Schriftzug *Tier-*

zuchthalle über dem Eingang ersetzte. Gleichzeitig wurde Roman auf die Seite gestellt. Kein leichtes Unterfangen, schließlich wiegt das Denkmal tonnenschwer, doch der steinerne Stier passte nicht mehr ins Bild der prosperierenden Einkaufstadt Kempten. Wie mag er sich zwischen parkenden Autos und Viehanhängern gefühlt haben?

„In der Blütezeit der Versteigerungen Anfang der 80er-Jahre waren etwa 40 Termine pro Jahr in Kempten und Buchloe zu bewältigen. So konnten allein 1983 in beiden Abteilungen zusammen 7.387 Kühe und Jungkühe verkauft werden", schreiben die beiden Zuchtexperten Stefan Rist und Dr. Alois Kling im Jahr 2008.

Im gleichen Jahr stellte Stadtrat Hermann Ebner (1938-2022) den Antrag, das Tierdenkmal wieder auf den Steinsockel am Eingang zu heben und freute sich über die Restaurierung des Kunstwerks. Damit kehrte Roman an seinen angestammten Platz zurück und bleibt dort wohl noch lange erhalten, denn das Gesamtensemble Stier und Allgäuhalle wurde 2015 unter Denkmalschutz gestellt.

Der Viehhandel selbst spielt im Kempten des 21. Jahrhunderts kaum mehr eine Rolle. „Heute gibt es in der Stadt noch 88 Landwirte, darunter 60 Milchbauern mit 5.200 Rindern." Jetzt muss sich auch noch die Allgäuhalle neu erfinden, denn 2022 wurden die Versteigerungen der Allgäuer Herdebuchgesellschaft von Kempten nach Unterthingau verlegt. Roman und die Halle sind erst einmal lediglich die Kulisse für parkende Autos. Für Emmerich Heilinger bleibt der Stier ein dauerhaftes Symbol für den Erfolg der Allgäuer Milchwirtschaft: „Roman steht für die Allgäuer Tugenden Robustheit, Gesundheit und Fruchtbarkeit."

Ralf Lienert

So geht's zu Roman, dem Stier:

Roman steht direkt am Eingang Kotterner Straße zum Gelände der Allgäuhalle.

Ilse Roßmanith-Mitterer vor der markanten Außentreppe des Hauses.

10

Herberge

Ein Haus der besonderen Art

Wer glaubt, der akute Wohnungsmangel in unseren Städten sei ein Problem der Gegenwart, täuscht sich. Das Wort „Verdichtung“ war zwar vor 300 Jahren noch gänzlich unbekannt, dennoch setzten die Kemptener Fürstäbte Anfang des 18. Jahrhunderts viel daran, der prosperierenden Siedlung um die Basilika St. Lorenz rasch mehr Raum zu bieten. Denn die 1728 verbriefte Stadterhebung durch Kaiser Karl VI. (1685 - 1740) brachte Prestige – und obendrein zahlreiche Auswärtige dazu, sich am Regierungssitz des reichsunabhängigen Kirchenstaates anzusiedeln.

So wurden nach und nach auch unattraktive Morastflächen und ungenutzte Parzellen am westlichen Ende der Stiftsstadt bebaut. Gab es doch laut Chroniken schon damals ein Dutzend Bewerber pro Baugrundstück. In dieser Zeit entstand das dreigeschossige Giebelhaus an der Weiherstraße, das durch seine ungewöhnliche Außentreppe auffällt. „Es ist der selten gewordene Typ der sogenannten Herberge und im Prinzip das einzige in Kempten, das noch so gut erhalten ist“, erläutert Ilse Roßmanith-Mitterer, Vorsitzende der Stiftsstadtfreunde. „Die Herbergen mit ihren kleinen und niedrigen Zimmern waren von mehreren Parteien bewohnt. Durch die Außentreppe hatten alle jederzeit freien Zugang zu ihren Räumen“, verrät die langjährige Leiterin der Fürstenschule den Grund für diese besondere Konstruktion.

Während sich Kaufleute und hochrangige Beamte des Fürststiftes in der „ersten Reihe“, also in den Straßen rund um Basilika und Residenz ansiedelten, so fanden im Außenbereich die weniger begüterten Bürger der damals gut 1500 Einwohner zählenden Stiftsstadt ihre Bleibe: Handwerker, Bauern und Fischer. Noch heute zeugen Straßennamen wie Brachgasse vom einst ländlichen Charme des Stadtteils, in dem es einst viele kleine Gärten, Hühner, Enten und Schweine und mit dem Schleienweiher sogar einen stattlichen Fischteich zur Versorgung des fürstäbtlichen Hofes gab.

Die Herbergen selbst wurden in Schlichtbauweise errichtet, meist mit Holz als Baustoff. „Und selbst diese Häuser konnten sich viele Bauherren nur dadurch leisten, dass sie sich zusammentaten“, sagt die Vorsitzende der Stiftsstadtfreunde. Die Herbergen wurden dann mit Genehmigung der stiftischen Hofkammer auf bis zu fünf Eigentümer aufgeteilt. Manche Wohnung oder manches Zimmer wurde auch schon vor 300 Jahren zur Miete angeboten.

Ilse Roßmanith-Mitterer ist nahe der Stiftsstadt aufgewachsen und kann sich noch gut daran erinnern, dass in diesem Viertel nach dem Zweiten Weltkrieg viele Heimatvertriebene eine Unterkunft fanden – auch in besagter Herberge an der Weiherstraße: „Im Erdgeschoss hatte lange Zeit der Schuhmacher Josef Fiedler seine Werkstatt. Die Familie wohnte in den übrigen Zimmern, im Prinzip direkt neben den Leimtöpfen und den vielen Utensilien für die Reparatur. Die Schuhe wurden immer durchs Fenster gebracht oder abgeholt."

Manch schaurige Geschichte rankte sich dagegen um das Nachbarhaus der Herberge. Dort befand sich seit dem 17. Jahrhundert das Kemptener Gefängnis mit dem berüchtigten Hexenloch. Wurden dort doch Missetäter eingekerkert, die besonders schwerer Vergehen bezichtigt wurden. In dem 2005 abgerissenen Gebäude war auch die wegen angeblicher „Teufelsbuhlschaft" verurteilte Magd Anna Schwegelin inhaftiert. „Lange Zeit dachte man, sie sei 1775 auf dem Scheiterhaufen verbrannt worden. Inzwischen haben Historiker jedoch herausgefunden, dass sie in der Haft gestorben ist." Belegt ist dagegen die letzte Hinrichtung auf Kemptener Boden. Sie fand in den 1920er-Jahren im Gefängnishof statt, ausgeführt mit einer Guillotine. Von dieser blutrünstigen Vergangenheit ahnt kaum jemand etwas, der heute durch die kleinen Gassen der Stiftsstadt schlendert: Das historische Viertel mit seiner Bausubstanz aus dem 18. Jahrhundert hat sich in den vergangenen Jahrzehnten dank einer behutsamen Stadtsanierung zum heiß begehrten Wohngebiet mitten im Kemptener Zentrum gemausert. Womit wir wieder beim Anfang wären: dem akuten Wohnungsmangel .

„Die Familie wohnte in den übrigen Zimmern, im Prinzip direkt neben den Leimtöpfen und den vielen Utensilien für die Reparatur."

Markus Raffler

So geht's zur Herberge:

Das Gebäude steht an der Ecke von Weiher- und Sängerstraße.

Blutsäule

An fünf Stellen sprudelte Blut aus dem Boden

Die Pfarrkirche Heiligkreuz gehört zu den prächtigen Barockbauten in Kempten. Ihre Entstehung geht auf das sogenannte Blutwunder vom 24. Juli 1691 zurück. Fürstabt Rupert von Bodman (1646-1728) ließ den Fall untersuchen. Da sich keine natürliche Erklärung fand, deutete man es als Hinweis auf die fünf Wunden Christi am Kreuz und als Aufforderung zur besonderen Verehrung des gekreuzigten Heilands.

Diese wundersame Erzählung begleitet Herbert Klaus seit seiner Kindheit. Der ehemalige schwäbische Polizeipräsident stammt aus Ayen in der Gemeinde St. Lorenz und kennt die Legende genau: „Elisabeth Weger war auf dem Platz, wo heute die Kirche steht, nachmittags zwischen drei und vier Uhr mit Heuwenden beschäftigt. Da sah sie auf einmal auf einer Fläche eines kleinen ovalen Tischleins das klare Blut an fünf Stellen aus dem Boden einen halben Schuh hoch (rund 20 Zentimeter) aufspritzen. Sie holte ihren Mann Heinrich Hörner, ihre beiden Mägde Katharina Frick und Maria Keßl sowie den in der Nähe arbeitenden Zimmermann Hannß Bonneberger herbei. Zu fünft gingen sie zur Wiese und sahen an fünf Stellen Blut quellen. Nach etwa 15 Minuten war das Ereignis zu Ende."

Zur Zeit des „Blutwunders" gab es im Bereich des heutigen Heiligkreuz nur einen Einzelhof mit Namen „Krönlings", der im Lehensbuch von 1451 mit „zem Könings" und im Memminger Vertrag von 1526 mit „Kreinings" benannt wurde. Es ist die Stelle, an der lange die obere Wirtschaft „Zum Kreuz" stand.

Die Gruppe um Elisabeth Weger meldete ihre Beobachtung natürlich sofort, Fachleute rückten an, um nach den Blutquellen zu graben. „1692 gab es noch einmal eine Befragung aller fünf Augenzeugen beim Fürstabt. Nacheinander gaben sie unter Eid ihre Erinnerungen zu Protokoll", berichtet Herbert Klaus. Anschließend gestattete Fürstabt Rupert von Bodman die Aufstellung eines Kreuzes auf der Blutwiese.

Die Blutsäule in der Kirche Heiligkreuz.

Die blutbespritzten Rechen, die Elisabeth Weger und ihre Mitstreiter benutzt hatten, wurden anschließend lange Jahre in der Kirche gezeigt und es gab zahlreiche Menschen, die sie sehen wollten: Die Nachricht vom Blutwunder verbreitete sich nicht nur im Stift Kempten schnell. Viele Leute pilgerten auch von weiter her zu dem heiligen Kreuz und erflehten Heilung und Hilfe in ihren Nöten. 1694 ließ Fürstabt Rupert von Bodman eine hölzerne Kapelle auf der Wiese errichten. Daneben entstand auch eine Wohnung für den Wallfahrtspriester und ein Holzgebäude diente der Unterbringung der Kirchengewänder. Nach wundersam erfolgten Krankenheilungen an diesem Ort kamen immer mehr Gläubige, um hier zu beten.

Anstelle des Holzkirchleins folgte 1711 eine größere Kapelle aus Stein im Barockstil. Diese zweite Kapelle steht noch heute als Chor des Gotteshauses. Die Zahl der Wallfahrer nach Heiligkreuz stieg immer weiter an und so übernahmen 1715 Lenzfrieder Franziskanerpater die Zuständigkeit für die Kapelle. Zwei Jahre später übersiedelten sie ins Kloster.

Herbert Klaus in der 1733 fertiggestellten Kirche Heiligkreuz.

Die Heilig-Kreuz-Kirche ist seit 1723 auch im Besitz eines als wundertätig geltenden Kreuzes aus der Schlosskapelle von Liebenthann. Das Kreuz befindet sich im Chorraum und macht die Kirche zu einem doppelten Pilgerort. „Jährlich wurden 20.000 Kommunionen gespendet“, hat Herbert Klaus erforscht. Die Pilger zeigten sich spendabel und so konnte schon bald wieder gebaut werden.

Rupert von Bodman regierte 50 Jahre lang, länger als jeder andere Fürstabt in Kempten, und starb 1728. Sein Nachfolger Anselm Reichlin von Meldegg (1679-1747) legte 1730 den Grundstein für den Anbau der heutigen Kirche an die Kapelle. 1731 war der Bau des Langhauses fertig, 1733 die innere Form der Kirche. 1736 wurde das Kloster selbstständig. 1768 wurden in der Kirche zwei neue Altäre im Rokokostil aufgestellt.

Im Jahr 1780 folgte in der Zeit von Fürstabt Honorius Roth von Schreckenstein (1726-1785) die Errichtung der sogenannten Blutsäule. Diese steht an der überlieferten Stelle des Blutwunders und zeigt in ihrem Innern die fünf nachgebildeten „Blut-Rosen" als Symbol für die fünf Blutquellen. Eine Quelle spricht in diesem Zusammenhang von Nelken. Die Säule wurde 1861, 1907 und zuletzt 1968 renoviert.

Oben auf der meterhohen Säule ist die heilige Dreifaltigkeit zu sehen. Darunter tragen acht Putti die Leidenswerkzeuge Jesu: das Kreuz mit dem Titulus crucis, die Dornenkrone, die Geißelsäule, Geißeln oder Ruten, der mit Essig oder Galle getränkte Schwamm an einem Rohr, die Lanze, mit der ein römischer Soldat Jesus die Seitenwunde zufügte, Kreuznägel mit Hämmern und das Schweißtuch der Veronika.

Die Neuordnung Deutschlands in den Jahren 1802/03 brachte erst die Auflösung von Reichsstadt und Stift Kempten sowie die Beschlagnahme des Klosters Heiligkreuz durch Kurbayern mit sich und 1805 die Auflösung des Klosters und die Vertreibung der Franziskaner-Mönche. 1807 kamen Mönche aus dem Orden des heiligen Augustinus aus Memmingen nach Heiligkreuz, der letzte starb am 8. April 1829. Danach wurde die Kuratie Expositur Heiligkreuz errichtet.

Zur gleichen Zeit hatte Heiligkreuz schon seinen ersten Kuraten, den vormaligen Stadtkaplan der Pfarrei St. Lorenz Kempten, Johann Georg Leonhard Königsberger. Erst im Jahre 1948 wurde Heiligkreuz endlich zur eigenständigen Pfarrei erhoben, Franz Xaver Schleibinger (1907-1992) war der erste Pfarrer. Heute ist die Kirche Teil der Pfarreiengemeinschaft Kempten West. Ob es sich wirklich so zugetragen hat oder woher das Blut stammen könnte, darüber weiß man bis heute nichts.

Ralf Lienert

So geht's zur Blutsäule:

Sie steht mitten in der Kirche zwischen den Kirchenbänken.

Basilika St. Lorenz
Kempten

12

Epitaph

Wo der Tod sein grausiges Gesicht zeigt

Kreuzigungsszenen, Adelswappen, stolze Selbstbildnisse: Es sind immer wiederkehrende Motive, die herrschaftliche Grabsteine früherer Jahrhunderte schmücken. Das gilt auch für die gotischen Epitaphien in der Krypta der Barockbasilika St. Lorenz. Doch halt – eine fast 500 Jahre alte Darstellung will so gar nicht zu den anderen Steinplatten im schlichten Gewölbe unter dem Oktogon der Kirche passen. Denn sie glorifiziert nicht das Leben des Verstorbenen, sondern zeigt schonungslos auf, was ihn nach seinen irdischen Jahren erwartet: Tod und Verwesung.

Wen aber zeigt dieses grausige Knochengestell, an dem Haut und Muskeln in Fetzen hängen? Und warum diese makabre Darstellung? „Dieses Epitaph gehört zu Fürstabt Wolfgang von Grünenstein, der das Stift Kempten von 1535 bis 1557 regierte", lüftet Basilika-Experte Hugo Naumann das Geheimnis. „Dieses Motiv nennt man Vanitas-Darstellung. Es weist auf die Vergänglichkeit des Menschen hin und war zu dieser Zeit regelrecht in Mode."

Am unteren Rand des senkrecht aufgestellten, gut zwei Meter hohen Grabsteins hat der Steinmetz 1557 das Stiftswappen und die geistlichen Insignien abgebildet. Auch das Hauswappen Wolfgang von Grünensteins ist zu sehen – samt einer abgestürzten Helmzier. „Sie besagt, dass er der Letzte seines Geschlechts war", erläutert der pensionierte Lehrer, der die lateinische Inschrift des Epitaphs übersetzt hat: „Sei gegrüßt, Wanderer, und erschrick nicht über dieses Bild unserer Sterblichkeit, das du schaust. Du fragst, wer ich sei: Ich bin gewesen und bin nicht mehr. Du bist und wirst nicht mehr sein. ... Lebe wohl und sei eingedenk deiner letzten Dinge, damit du nicht sündigst und stirbst den ewigen Tod..." Der skelettierte Fürstabt und der zugehörige Text beeindrucken Hugo Naumann immer wieder: „Von diesem Grabstein geht eine besondere Wirkung aus."

Und wie kamen die gotischen Epitaphien von sieben Fürstäbten

Für Hugo Naumann geht von diesem Fürstabt-Grabstein eine besondere Faszination aus.

und einem Stiftsdekan in die Krypta der erst später erbauten Barock-Basilika (1652-1673)? „Sie stammen aus dem Vorgängerbau, der 1632 zerstörten Klosterkirche", sagt Hugo Naumann. Das weitläufige Kloster mit all seinen Gebäuden war während des Dreißigjährigen Krieges (1618-1648) von den Bürgern der Reichsstadt und verbündeten schwedischen Truppen verwüstet worden.

1652 begann über den Grundmauern romanischer und gotischer Vorgängerkirchen der Bau der heutigen Basilika. Sie war damals zusammen mit dem Kloster der erste Großbau Süddeutschlands nach dem Ende dieses verheerenden Krieges. Die Konzeption stammte von Fürstabt Roman Giel von Gielsberg (1612-1673). „Der ordnete jedoch sieben Jahre nach Baubeginn einen grundlegenden Konzeptionswechsel an", erläutert Basilika-Kenner und Heimatfreund Naumann: „Den Plan separater Kirchen für die Pfarrei respektive das Kloster, wie es zuvor der Fall war, stieß er um. Stattdessen ließ er die begonnene Pfarrkirche zur Stiftskirche ausbauen, die als Doppelkirche auch von der Pfarrei genutzt werden sollte. Dafür mussten aber, um das Gebäude repräsentativer erscheinen zu lassen, die Mauern des Mittelschiffs um fast zwei Meter erhöht werden." Das Langhaus war nun für die einfachen Gläubigen, der Chor mit der imposanten Kuppel über dem achteckigen Grundriss dagegen für den adligen Konvent bestimmt. Eine kunstvolle Chorschranke trennte beide Bereiche voneinander. Vollendet wurde die reich ausgestattete Kirche erst im Jahr 1900 durch den Ausbau der 65 Meter hohen Doppeltürme.

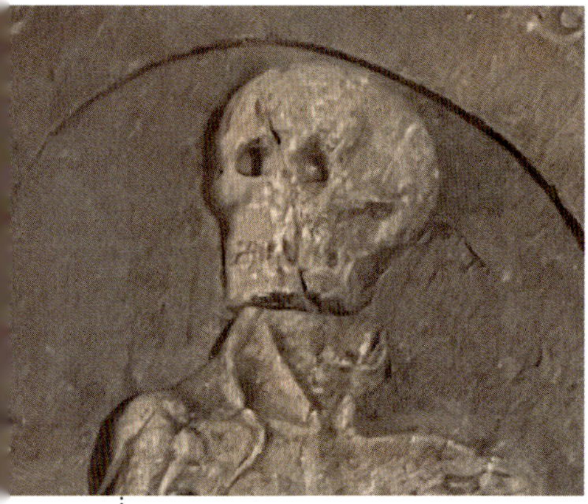

Der Grabstein in der Krypta stellt den Fürstabt als Skelett dar.

Doch nochmals zurück zur Gruft: „Dass die Basilika eine Krypta erhielt, war in der Barockzeit eher ungewöhnlich und lag daran, dass dort ursprünglich ein Sanctuarium, also ein Heiligtum, für Königin Hildegard (758-783) geplant war", verweist Hugo Naumann auf eine weitere Besonderheit. Hildegard war die Gemahlin des späteren Kaisers Karl des Großen (747 oder 748-814) und wurde über Jahrhunderte als Kirchenstifterin und Gönnerin des Klosters verehrt. Das Heiligtum in der Krypta wurde allerdings aus unbekannten Gründen nie verwirklicht. Stattdessen erhielt die neu erbaute fürstäbtliche Residenz 1670 im östlichen Innenhof eine repräsentative Hildegardkapelle.

So konnte das Stift die Krypta als Grablege für die Benediktinermönche nutzen. „In den gemauerten Grabnischen wurden bis zur Auflösung des Klosters 1802/03 insgesamt 71 adlige Konventherren beigesetzt", erläutert Naumann. Ein Besucher habe die in Reih und Glied platzierten Nischen schon einmal respektlos als „Schließfächer" bezeichnet, erzählt Naumann schmunzelnd. Auch neun Grabmahle vom ehemaligen Friedhof der Stiftsstadt wurden in die Gruft von St. Lorenz überführt. Der befand sich weiter westlich, nahe der Seelenkapelle, und wurde nach der Säkularisation 1803 auf Anordnung des bayerischen Staates aufgelöst.

Seit dem Tod von Rupert von Bodman (1646-1728) wurden auch alle Fürstäbte in den unterirdischen Gewölben bestattet – und zwar in Holzsärgen unter den Seitenkapellen. Für den letzten Fürstabt, Castolus von Reichlin-Meldegg (1743-1804), bedurfte es dafür nach der Übernahme des Stiftes durch das Königreich Bayern allerdings einer Sondergenehmigung. Denn der bayerische Staat lehnte Beisetzungen in Kirchen normalerweise strikt ab.

Markus Raffler

So geht's zum Epitaph:

Das unterirdische Gewölbe ist über einen separaten Außenzugang von der Nordseite der Basilika St. Lorenz aus zu erreichen. Der Grabstein von Wolfgang von Grünenstein steht in der Reihe der Fürstabts-Epitaphien außen links.

Rakete
BAR

MDCCCXCIX

Die längste römische Zahl der Stadt

Wer durch die Kemptener Altstadt schlendert, entdeckt rund um das Rathaus eine Reihe von stattlichen Patrizierhäusern, die alle auf das 18. Jahrhundert zurückgehen. Die wohl prunkvollste Fassade ziert den Londoner Hof. Doch wo liegt die Verbindung zwischen Kempten und der englischen Hauptstadt und warum begrüßen ein stattlicher Jüngling und eine leicht bekleidete Dame die Gäste?

Martin Scheidl ist begeistert von einer Gravur im Stein: „Über dem Portal am Londoner Hof steht die wohl längste römische Zahl, die ich in Kempten kenne, nämlich *MDCCCXCIX*, also 1899." Das Tor war früher die Einfahrt für Pferdekutschen. „Im Türblatt ist heute noch beeindruckende Handwerkskunst sichtbar", sagt der Heimatkenner und fährt mit der Hand über die Eisenverzierungen.

Martin Kellenberger schrieb in seinem *Buch der Erinnerungen*: „Wie das Haus zu diesem pompösen Namen kam, lässt sich heute nicht mehr feststellen." Doch Martin Scheidl kennt das Geheimnis, er beschäftigt sich seit über zehn Jahren intensiv mit der Stadtgeschichte.

Der Handelsherr Johann Christoph Fehr (gestorben 1789) ließ im Jahre 1764 am Rathausplatz dieses Patriziergebäude mit seiner prachtvollen Rokokofassade für 100.000 Gulden errichten. „Der Bauherr hat sich mit seinem Wappen im Giebelfeld der Fassade verewigt. Das Haus gilt als Perle der Reichsstadt, es ist immerhin zehn Fenster breit und vier Stockwerke hoch", urteilt Scheidl. Aus dieser Zeit stammen das imposante Treppenhaus, verziert mit einem schmiedeeisernen Geländer, und die Zimmerdecken mit Stuckrosetten. „Leider ist der große Saal im zweiten Stock des Hauses nicht mehr erhalten, in dem die Handelsherren einst ihre Gäste empfangen haben", sagt Scheidl. Die Fehr verkauften Leinwand nach Italien, Spanien und in die Levante, also das Morgenland, und brachten von dort Landesprodukte ins Allgäu mit. Damals waren Reichs- und Stiftsstadt noch durch eine Mauer

Martin Scheidl am Portal vor dem Londoner Hof.

getrennt. In der Illervorstadt unterhielt die Familie auch ein zweites Haus, das in Unterlagen des Stadtarchivs als „Lusthaus“ bezeichnet wird - mit wohlgepflegtem Garten, dem heutigen Chapuis-Park. Fehrs Witwe verkaufte das Haus 1790 an ihren Sohn, Kommerzienrat Johann Felix Fehr (1760-1812), welcher 1808 als Edler von Fehr in den Adelsstand des Königreichs Bayern erhoben wurde. 1838 heiratete Johannes, Sohn des Johann Felix von Fehr, Magdalena Biechteler.

1818 wurden die Reichsstadt und Stiftsstadt vom Bayerischen König zwangsvereinigt (siehe Geheimnis Klostertorsäule) und schon bald kam Bewegung in die Reichsstadt. Die Witwe des Kommerzienrats von Fehr verkaufte das Haus 1819 an den Großhändler Christoph Kühne. Dessen Geschäfte liefen aber offensichtlich so schlecht, dass er sich seinen Gläubigern durch Flucht aus der Stadt entzog. Bei der anschließenden Versteigerung erhielt Kaufmann Johann Adam Kesel (1778-1846) den Zuschlag. Scheidl verrät die Namensgebung: „1827 wurde das Haus zum ‚Hotel und Albergo Londoner Hof‘ umgebaut, weil der Schwiegersohn des neuen Besitzers in London tätig war und Kempten somit Geschäftsbeziehungen dorthin unterhielt.“ Das Haus sollte ursprünglich internationalen Großkaufleuten als Herberge dienen. „Da diese jedoch ausblieben, wurde der Geschäftsbetrieb bereits fünf Jahre später aufgegeben“, hat Scheidl erforscht. In der Zeitung kündigte Kesel „eine Mobiliarversteigerung gegen baare Bezahlung und Entrichtung des Käuferkreutzers“ an, um die Einrichtung, die Hotelwäsche und das Weinlager abzustoßen. Er selbst übernahm eine Agentur der Leipziger Lebensversicherung.

Ein Engel schwebt über der römischen Zahl.

Über das Patrizierhaus zwischen St.-Mang-Kirche und Rathaus legte sich Mitte des 19. Jahrhunderts erst einmal der Staub des Vergessens. Die fünf Kinder des Johann Adam Kesel zogen nach Triest und verloren ihre Bindung zu Kempten. Erst im Jahr 1885 kam neuer Schwung in den Londoner Hof. Der Kaufmann Johannes Biechteler (geboren 1842) kaufte von den Kesel-Kindern das Anwesen Rathausplatz 2 um 70.000 Mark und zog mit seiner 1865 gegründeten Eisenwarenhandlung ein. Die Familie Biechteler findet sich seit 1559 in den Steuerbüchern der Stadt. 1895 übergab der Firmengründer das Geschäft an seinen damals 30-jährigen Sohn Karl.

Die Geschäfte liefen offenbar gut, denn 1899 engagierte Kaufmann Karl Biechteler (1865-1934) einen der bekanntesten Münchner Architekten der Prinzregentenzeit, Professor Emanuel von Seidl (1856-1919). Zu dessen Werken zählten die Villa des Komponisten Richard Strauss in Garmisch und das Elefantenhaus im Münchener Tierpark Hellabrunn. Zu Seidls vermögenden Kunden zählten Großbürger, Industrielle und Adelige mit Aufträgen für Villen und Landhäuser.

Der Londoner Hof mit seiner Rokoko-Fassade von der Reichstraße aus gesehen.

Der Entwurf des Münchner Stararchitekten wurde zum sichtbaren Zeichen für Wohlstand. „Die reizvolle Rokoko-Fassade erfuhr im Jahre 1899 eine ausgezeichnete Erneuerung“, schrieb Heimatforscher und Rechtsrat Martin Kellenberger (1857-1939) und für Heimatforscher Max Förderreuther (1857-1933) war das Äußere „von entzückender Schönheit“.

„Seidl entwarf ein imposantes Portal im Neobarock“, sagt Scheidl. Für ihn ist es heute der monumentalste Hauseingang in Kempten. Rechts grüßt ein freundlicher Jüngling, links schenkt eine leicht bekleidete junge Frau den Spaziergängern einen aufmunternden Blick. Darüber sind Vasen und Muscheln in historisierendem Stil eingearbeitet. „Damit wollte Biechteler wohl Werbung für sich machen“, sagt Martin Scheidl und verweist auf das ehemalige Tröger-Haus an der Bahnhofstraße: „An der Eisenwarenhandlung waren auch zwei große Figuren an der Fassade".

Die Eisenwarenhandlung gehörte im 20. Jahrhundert zu den bekanntesten Unternehmen der Stadt. 1934 übernahm Karl Biechtelers Sohn Paul das Geschäft und fügte 1938 das benachbarte Haus Rathausplatz 4 in den Eisenhandel ein. Gleichzeitig ließ er den Londonder Hof durch den Kemptener Architekten Dipl.-Ing. Otto Heydecker erneuern. Der Artillerie-Offizier Paul Biechteler wurde wie im Ersten Weltkrieg eingezogen und fiel 1941 im Rang eines Majors. Sein Bruder Curt übernahm 1945 die Geschäftsführung. Der dritte Bruder gründete 1939 die Johann Biechteler KG. Den Namen Röhrenwerk führte es seit 1952, als Albert Maly-Motta die Firma übernahm. Bis auf seinerzeit 211 Beschäftigte wuchs die Belegschaft. Dieter Ludwig und Wolfgang Duchardt übernahmen das Werk 1982 und übertrugen es auf ihre Söhne Johannes Ludwig und Oliver Duchardt. Im Jahr 2000 wurde das insolvente Werk an der Kaufbeurer Straße geschlossen.

Und wie ging es mit dem Londoner Hof weiter? Hier gibt es eine enge Verbindung mit dem benachbarten Hotel Fürstenhof. „1972 verhinderte Bezirksheimatpfleger Dr. Dr. Alfred Weitnauer den Abbruch des Fürstenhofs. Investoren bewahrten die Gebäude vor einem Verfall und renovierten sie grundlegend", erzählt Hotelbesitzer Walter Mauderer. Heute sind das 1979/80 eröffnete Hotel und der Londoner Hof vielfach fotografierte Motive am Rathausplatz. Allein, die Jahreszahl bemerkt kaum einer. Und wie es zu dem Namen kam, wussten auch die Wenigsten. Bis jetzt.

Ralf Lienert

So geht's zu MDCCCXCIX:

Das Haus befindet sich zwischen dem Rathausplatz und dem St.-Mang-Platz. Die viergeschossige Fassade ist goldgelb angestrichen und hat ein auffälliges Portal von Emanuel von Seidl. Die Zahl ist über der Eingangstüre zwischen den beiden Figuren.

Ingrid Müller vor dem Grabmal August Gyrs auf dem seit 1537 bestehenden evangelischen Friedhof.

14

Grabmal

Mäzen verhilft zu Altar aus Chicago

Man muss weiß Gott nicht an das Milliardenvermögen von Bill Gates, Mark Zuckerberg oder Elon Musk denken – solch astronomischen Reichtum hat August Gyr (1839-1921) nie erworben. Und dennoch machte sich der Unternehmer als Mäzen der Kemptener Bürger verdient. Dabei knüpfte er Ende des 19. Jahrhunderts, als es noch nicht einmal Ferngespräche nach Übersee gab, sogar Kontakte in die USA, um seiner Heimatstadt zu einem kunstgeschichtlichen Glanzstück zu verhelfen.

Diese ausgefallene Geschichte ist heute fast keinem Kemptener mehr geläufig, ebenso wenig wie der Familienname Gyr. Kreisheimatpflegerin Ingrid Müller dagegen weiß genau, was es mit der Familie auf sich hat. Und sie weiß, wo sich die letzte Ruhestätte des Wohltäters befindet: Wie viele Ehrenbürger der Stadt wurde er auf dem ab 1535 bestehenden evangelischen Friedhof unter der Burghalde beigesetzt – nach dem Mittelalter das Hauptgräberfeld der Freien Reichsstadt.

„August Gyr war der Sohn des Schweizer Fabrikanten Heinrich Gyr, der 1871 die Allgäuer Baumwollspinnerei & Weberei in Blaichach erworben und erheblich ausgebaut hatte", erläutert Ingrid Müller. Gemeinsam mit seinem Bruder übernahm August Gyr wenig später die Leitung des florierenden Industriebetriebs. Der besaß Außenstellen in Bad Oberdorf und Oberstdorf und zählte in seiner Blütezeit allein in Blaichach etwa 700 Webstühle und gut 1000 Mitarbeiter.

„Obwohl August Gyr ein Unternehmen im südlichen Oberallgäu leitete, wohnte er all die Jahre in Kempten", berichtet Ingrid Müller von ihrer Recherche. „Und darum hat er sich auch stets für die Stadt eingesetzt." Doch weshalb gilt Gyr für Historiker noch heute als besonderer Wohltäter Kemptens – und was hat es mit dem Prunkstück aus den USA auf sich?

Die Frauenfigur im Mittelpunkt des Grabes ist kunstvoll aus dem Sandstein herausgearbeitet.

„Bei der Weltausstellung 1893 in Chicago wurde als einer der Beiträge aus Deutschland auch ein Schnitzaltar gezeigt. Den hatte 1890 der Memminger Kunstschreiner Leonhard Vogt geschaffen", erzählt die Kreisheimatpflegerin. Vorbild dieses außergewöhnlichen Werks war ein Altar des berühmten Tilman Riemenschneiders (1455-1531). Das neugotische Kunstwerk Vogts zeigt in seinem Mittelbild eine Kreuzigungsgruppe, die in ihrer Komposition und Ausführung nur von Experten von einem mittelalterlichen Stück zu unterscheiden ist. Der kostbare Altar, der bis heute als eines der Glanzlichter des Gotteshauses gilt, verfehlte bei der Weltausstellung seine Wirkung nicht: Er wurde mit einer Goldmedaille ausgezeichnet, berichtet Müller.

Auch August Gyr war von dem Kunstwerk offenbar begeistert – so sehr, dass er es für die evangelische Gemeinde der St.-Mang-Kirche erwarb. Der überlieferte Kaufpreis betrug 8000 Goldmark – umgerechnet weit über 50.000 Euro. Was genau den vermögenden Fabrikanten zu dieser Freigiebigkeit bewog, ist nicht bekannt. „Er war aber offenbar ein sehr religiöser Mensch und hat sich immer wieder großzügig verhalten, auch gegenüber seinen Mitarbeitern", sagt Ingrid Müller. „Und er war wohl auch schlicht dankbar dafür, dass das Schicksal es letzten Endes gut mit ihm gemeint hat." Denn nachdem seine Frau Bertha 1873 bei der Geburt ihres ersten Kindes gestorben war, schenkte ihm seine zweite Frau Anna ab 1885 insgesamt neun Kinder .

Die Familie lebte in einem Wohnhaus in der Beethovenstraße, das August Gyr 1872 hatte bauen lassen. Dort eröffnete nach dem Tod der Eheleute 1926 das Café Peuschel. Es galt bis zu seiner Schließung 1956 als vornehmstes Kaffeehaus der Stadt.

Ingrid Müller hält den gesamten Burghalde-Friedhof mit seinen zahlreichen historischen Monumenten für ein Kleinod inmitten der Stadt. Die letzte Ruhestätte August Gyrs beeindruckt sie dabei besonders: „Das Grabmal ist imposant, ohne zu protzen." Im Mittelpunkt der großformatigen Sandsteinplatten steht eine mehr als lebensgroße Frauenfigur, die eine imaginäre Türe durchschreitet. „Sie steht wohl für die Seele, die sich vom Betrachter verabschiedet." Umrahmt wird die Darstellung von zahlreichen Ornamenten. Auch nach unten gerichtete Fackeln als Symbole des erloschenen Lebens gehören dazu.

Markus Raffler

So geht's zum Grabmal:

Der Eingang zum Friedhof unter der Burghalde liegt an der Ecke von Burgstraße und Freudental. Das Grab von August Gyr befindet sich an der Ostwand des Friedhofs, die zur Burghalde hin ausgerichtet ist. Schreitet man die Gräber entlang der Mauer ab, so hat das Grabmal die Nummer 14.

SALON

15

Müßiggängelzunfthaus

Unterhaltung, Spiel, Speise und Trank

Handwerksgeschichte war über Jahrhunderte vor allem Zunftgeschichte. Der Ausdruck „Zunft" bezeichnet Organisationen der selbständig Gewerbetreibenden wie Bäcker, Brauer oder Weber. Sie boten soziale Absicherung, wirkten aber auch einengend. Als Reaktion auf die Teilhabe der Zünfte an der politischen Macht schlossen sich in den Reichsstädten Memmingen, Kaufbeuren, Isny und Kempten die Patrizier in zunftähnlichen Verbindungen zusammen. In der Reichsstadt Kempten hatte sich 1419 eine Zunft der „Müßiggänger" organisiert, in der sich die Kemptener „Oberschicht" der ratsfähigen Geschlechter zusammenschloss. Sie nannten sich die Kemptener „Burgerstube".

„Doch das war nicht der einzige Treffpunkt", weiß Dr. Franz-Rasso Böck. Parallel zur Burgerstube existierte in der ersten Hälfte des 15. Jahrhunderts eine „Gesellschaft zum Strauß", die 1449 ein Haus an der Vogtgasse erwarb, um es als Trinkstube für ihre Mitglieder zu nutzen, wobei es sich ebenfalls um eine Vereinigung der reichsstädtischen Führungsschicht handelte. Sie wollten einfach die Seele baumeln lassen.

Das Nebengebäude des 1449 an der Vogtgasse erworbenen Hauses trug über der Tür das Bild eines Vogel Strauß. Im Gegensatz zur politisch-kaufmännisch verfassten „Müßiggängelzunft" verstand sich die „Gesellschaft zum Strauß" aber als gesellige Organisation „privaten" Charakters. Dieser Umstand wird manchmal mit den Serviceclubs wie Rotary oder Lions verglichen, wobei heute neben der Geselligkeit vor allem das soziale Engagement im Mittelpunkt steht.

1528 verfügte der Rat der Stadt die Fusion der „Gesellschaft zum Strauß" mit der „Burgerstube", in deren Besitz auch das Haus der Gesellschaft überging. Hintergrund des Zusammenschlusses war wohl, dass im Laufe der Zeit die Neuaufnahmen in beide Vereinigungen personengleich geworden waren, womit eine weitere Unterschei-

Das Müßiggängelzunfthaus am Sigmund-Ullmann-Platz.

dung sinnlos wurde. Dr. Franz-Rasso Böck ist seit 1992 Stadtarchivar, seine Dissertation beschäftigte sich mit der Mediatisierung der Reichsstadt Kempten. Durch seine Forschung kennt er die Müßiggänger. Es war eine recht kleine Gemeinschaft: „Trotz großzügiger Aufnahmebedingungen blieb der Mitgliederkreis, der im 17. Jahrhundert noch 29 Personen verzeichnen konnte, im 18. Jahrhundert mit nur 16 Angehörigen klein, während die benachbarte Memminger Patriziervereinigung ‚Zum Esel' 1773 stolze 75 Mitglieder zählte", erklärt Böck.

Nach den Statuten von 1773 war Voraussetzung für die Aufnahme, dass der Betreffende „der Literatur, Kauffmannschaft oder dem Militari sich ergeben oder auch von eigenen Mitteln zu leben vermögend, und jeder seinem Character mit Ehren und ohne Niedertracht zu behaupten im Stande seye". Witwen, Söhne und Töchter von Mitgliedern genossen das Stubenrecht, solange sie der Ordnung gemäß lebten und sich „ehrbar und redlich" verhielten. Auf der Stube, die weder öffentliches Wirtshaus noch Herberge war, sondern nur den Stubengesellen offen stand, fand der Zünftler bei seinesgleichen Unterhaltung, Spiel, Speise und Trank.

Dr. Franz-Rasso Böck am Portal zum Müßiggängelzunfthaus.

Fast 400 Jahre lang war das Haus zwischen Vogt- und Kronenstraße ein Treffpunkt der vermögenden Bürger. Doch dann ging das Interesse der Kemptener Oberschicht an der „Müßiggängelzunft" merklich zurück und mit der Integration Kemptens in das Kurfürstentum Bayern in den Jahren 1802/03 hatte sie ihre politische Funktion verloren.

Franz-Rasso Böck nennt noch einen Grund für den Niedergang der Burgerstube als gesellschaftlicher Treffpunkt der bürgerlichen Elite: „In der Endphase der reichsstädtischen Zeit war ihr mit der teilweise personengleichen Freimaurerloge ‚Zur aufgehenden Sonne' Konkurrenz erwachsen." Doch es gab schon bald einen neuen Treffpunkt der Kemptener Gesellschaft: Seit 1805 vereinigte die „Kempten-

Neustädtische Lesegesellschaft", die spätere „Harmonie", Mitglieder aus beiden Teilen Kemptens, darunter die Spitzen von Militär und Verwaltung.

Die protestantisch-altstädtisch geprägte „Müßiggängelzunft" hatte schon deshalb keine Zukunft mehr, weil sich weder Stiftsstädter noch Neubürger von ihr angesprochen fühlten. Die Mitglieder fassten deshalb einstimmig den Beschluss zur Veräußerung ihres Anwesens, das am 4. Dezember 1809 an einen Andreas Dauscher verkauft wurde. „Erhalten geblieben ist das Statutenbuch von 1773, das heute im Stadtarchiv Kempten verwahrt wird", sagt Böck.

Mit dem beginnenden Industriezeitalter und der damit einsetzenden maschinellen Massenproduktion um die Mitte des 19. Jahrhunderts hatten sich auch die Zünfte überlebt. Das Innungswesen trat teilweise an ihre Stelle.

Und wie ging es mit dem Zunfthaus weiter? Es wurde von der Grünbaumbrauerei buchstäblich „geschluckt" und kam erst wieder beim Abbruch der Brauerei im Jahr 1963 zum Vorschein. Der Teil, der bis heute erhalten geblieben ist, ist das um 1600 erbaute Nebengebäude der Burgerstube. „Eigentlich sollte es ebenfalls der Abrissbirne zum Opfer fallen, doch dann entschieden Oberbürgermeister August Fischer und Sozialbauchef Hans Breidenstein auf Hinweis meines Vaters, das Gebäude mit seinem Renaissanceportal zu erhalten", sagt Alfons Bernhard, der auf der anderen Straßenseite aufgewachsen ist.

Nach einer grundlegenden Sanierung diente das Müßiggängelzunfthaus als Veranstaltungsraum. 31 Jahre hatte Zdenek Posledni (1955-2019) bis zum Sommer 2019 seine Galerie geöffnet. Heute ist das Haus wieder ein Veranstaltungsraum.

Ralf Lienert

So geht's zum Müßiggängelzunfthaus:

Das Gebäude liegt am Sigmund-Ullmann-Platz 1.

Die König-Ludwig-Brücke ist der älteste Iller-Übergang im Süden Kemptens. Direkt daneben liegen zwei historische Betonbrücken.

16

Holz-Koloss

Eine Brücke mit mehreren Leben

Was hat diese Brücke nicht schon alles erlebt: Bei ihrer Errichtung zwischen 1847 und 1852 galt sie als Meisterwerk der Ingenieurbaukunst. Sie trug anstandslos Zigtausende von Zügen über die Iller, wurde kurz vor Ende des Zweiten Weltkriegs teilweise zerstört, wieder instandgesetzt, später mühevoll saniert – und wäre dennoch vor wenigen Jahren um Haaresbreite dem Zahn der Zeit zum Opfer gefallen. Nun aber, nach einer gemeinsamen Kraftanstrengung von Stadt und Staat, kann die restaurierte König-Ludwig-Brücke am südlichen Ende der Innenstadt wieder eine tragende Rolle im Stadtbild spielen, wenn auch seit 1986 nur noch für Radler und Fußgänger. In jedem Fall aber hat sie bewiesen, dass sie mehrere Leben besitzt.

Markus Wiedemann, Chef des Kemptener Tiefbauamtes, kann das nur bestätigen. Er kennt die Brücke wie kein Zweiter. Und sein begeisterter Blick verrät, dass dieser hölzerne Koloss zu den Lieblingsobjekten in seinem Zuständigkeitsbereich gehört. „Ja, die König-Ludwig-Brücke hat etwas Faszinierendes. Sie ist eine herausragende Leistung ihrer Zeit", sagt Wiedemann. Das liegt schon allein an ihren beeindruckenden Maßen: In drei Feldern überspannt die Brücke die Iller über eine Distanz von 120 Metern. Und das in bis zu 34 Metern Höhe über dem Wasserspiegel.

Die historische Spinnerei & Weberei liegt in Sichtweite der Brücke.

Als Highlight betrachtet der Amtsleiter die Brücke aber auch wegen ihrer Bauweise: „Die Verantwortlichen gingen damals äußerst fortschrittlich vor, um eine Fachwerk-Konstruktion über eine solch große Distanz verwirklichen zu können." Dabei bedienten sich die bayerischen Ingenieure einer brandneuen Technik, die der Amerikaner William Howe beim Bau von Bahntrassen in den USA entwickelt hatte, und die aufgrund einer veränderten Druckverteilung deutlich größere Spannweiten ermöglichte.

„Dieses ausgeklügelte Holzfachwerk, das ohne Zapfverbindungen auskommt, kann man auch von innen begehen", lüftet Wiedemann ein Geheimnis, das nicht viele kennen. Die Tür, die an der Seite des westlichen Widerlagers hineinführt, ist allerdings schwer zu entdecken und nur im Rahmen spezieller Führungen geöffnet.

Wer übrigens glaubt, die König-Ludwig-Brücke gehe auf den bayerischen Märchenkönig Ludwig II. (1845 - 1886) zurück, liegt falsch. Namensgeber ist vielmehr dessen Vorfahr Ludwig I. (1786 - 1868). Unter seiner Ägide hatte auf der Strecke Nürnberg – Fürth 1835 mit dem „Adler“ das Zeitalter der Eisenbahn in Deutschland begonnen. Der technikbegeisterte Monarch ließ zudem die Ludwig-Süd-Nord-Bahn bauen, die im südlichen Teil von Nürnberg über Augsburg nach Lindau führt, und die nach Fertigstellung der Illerbrücke 1852 Kempten erreichte.

Weil das Gewicht der Züge nach und nach erheblich zunahm, wurde die lange Zeit zweigleisig befahrene Brücke aus Lärchen- und Eichenholz 1879 mit einem Stahl-Sprengwerk verstärkt. „Der Adler von 1835 hatte sechs Tonnen auf die Waage gebracht. 1859 wog eine Dampflok bereits 30 Tonnen, Ende des 19. Jahrhunderts dann bis zu 100 Tonnen“, verdeutlicht Markus Wiedemann. Weil vom Funkenflug der Lokomotiven eine stete Gefahr für die Brückenkonstruktion ausging, wurden an beiden Widerlagern steinerne Bassins angelegt, um im Notfall schnell Löschwasser parat zu haben.

Markus Wiedemann im begehbaren Inneren der ausgeklügelten Holzkonstruktion.

1906 jedoch war es für die Fachwerk-Konstruktion, die älteste ihrer Art in Europa, vorbei mit der Bahnherrlichkeit: Nach dem Bau von zwei leistungsfähigeren Stampfbetonbrücken (1904-1906) in direkter Nachbarschaft blieb die König-Ludwig-Brücke dem Straßenverkehr vorbehalten – bis zum April 1945. Um den Vormarsch der Amerikaner auf Kempten zu erschweren, machten deutsche Truppen kurz vor Kriegsende alle drei Übergänge durch Sprengungen unpassierbar - die östlichen Brückenfelder der Holzbrücke ebenso wie die der beiden Stampfbetonbrücken. Die Holzbrücke wurde daraufhin nur noch in halber Breite instandgesetzt. Witterungsschäden setzten dem 1986 freigelegten Fachwerk in den vergangenen Jahren dann derart zu, dass es bis 2019 gesperrt blieb. „Nach der umfassenden Restaurierung sollte die Brücke nun aber für die nächsten 170 Jahre gewappnet sein", sagt Markus Wiedemann mit einem Lachen. Denn wie in der Erbauungszeit ist der Übergang, der 2012 sogar als „Historisches Wahrzeichen der Ingenieurbaukunst in Deutschland" ausgezeichnet wurde, nun wieder durch eine Holzverkleidung geschützt – sehr zur Freude der vielen Fledermäuse, die zwischen den zahlreichen Balken der Fachwerkkonstruktion eine gut getarnte Bleibe gefunden haben.

„Nach der umfassenden Restaurierung sollte die Brücke nun aber für die nächsten 170 Jahre gewappnet sein."

Markus Raffler

So geht's zum Holz-Koloss:

Der historische Iller-Übergang liegt nur wenige Meter nördlich vom Schumacherring entfernt – in direkter Nähe befindet sich der Abzweig in die Kotterner Straße. Die Brücke ist auf der anderen Seite der Iller von der Einmündung der Füssener Straße aus zu finden.

Johannes Sparakowski im Ölberg.

17

Ölberg

Das Geheimnis der Klosterkirche St. Anton

An der Ecke Immenstädter/Maler-Lochbihler-Straße steht ein kleines ovales Gebäude, das ursprünglich als Gruft für das von den Kapuzinern gegründete Klosters gebaut worden war. Doch die Mönche legten lieber einen kleinen Friedhof vor der Pforte des Klostergebäudes an und suchten anschließend nach einer neuen Verwendung für das Gemäuer.

Die frommen Männer in ihren braunen Kutten ließen sich erst einmal Zeit. „1912 hatten sie ihr Kloster bezogen, 1914 wurde ihre Kirche von Bischof Maximilian von Lingg eingeweiht", erzählt Mesner Johannes Sparakowski. Der Erste Weltkrieg durchkreuzte alle Überlegungen. Die Kapuziner kümmerten sich um Schulen, Gottesdienste und die Krankenseelsorge im Süden der Stadt. Sie genossen einen Ruf als „Männer des Volkes“. Für das kleine ovale Häuschen blieb da wenig Zeit.

1926 entschied der Guardian des Klosters, Pater Kreszentius Wenger, dass in dem Rundgebäude eine Ölberg-Gruppe aufgebaut werden soll. Der stimmungsvolle Raum wurde am 11. Oktober 1926 vom Pfarrer der Stadtpfarrei St. Lorenz, Josef Holzmann, eingeweiht. „Damals gab es Malereien, die den Verrat des Judas und Christus bei den schlafenden Aposteln zeigten. Sie wurden von Pater Gabriel Scheibenzuber geschaffen und später durch Bruder Rudolf Wankmüller erneuert“, weiß Sparakowski. Im Lauf der Jahre blätterte die Bemalung ab und so wurden die Wände des Ölbergs im April 1987 mit einem zurückhaltenden Grau gestrichen.

Fronleichnamsprozession am Ölberg von St. Anton.

Im Inneren sind raue Grottensteine, die über den gesamten Raum verteilt sind. „Auf ihnen kniet der Heiland und betet mit erhobenen Händen aus schmerzdurchwühlter Seele. Vom Himmel schwebt ein Engel nieder, der in tiefem Leid sein Angesicht verhüllt und den Kelch reicht“, erklärt der Mesner der Pfarrei St. Anton. Restaurator Joseph Schugg aus Kimratshofen hat die Christusfigur bei der Renovierung im Jahr 1987 in den Farben Rot und Blau neu gefasst und den Engel in der überlieferten Farbgebung aufgefrischt.

Die Ölberg-Szenerie ist seit der Einweihung 1926 für viele Gläubige eine ergreifende Gruppe, deren Betrachtung dem betenden Herzen viel Trost und Kraft im Leid zu spenden vermag. Sparakowski erklärt das christliche Geheimnis: „Jesus hat sein Leben für uns alle gegeben. Er nimmt den bitteren Kelch, den ihm der Engel reicht. Damit sagt er ja zum Willen des Vaters, er nimmt sein Schicksal an, schwitzt Blut und weiß, was auf ihn zukommt."

Der Mesner beobachtet immer wieder Menschen, die sich zum stillen Gebet auf die Bank vor dem Ölberg setzen: „St. Anton war schon immer eine Anbetungs- und Beichtkirche." Der Ölberg rückt einmal im Monat in den Fokus der Gläubigen von St. Anton: „In einer Andacht setzen wir die Monstranz im Ölberg aus und beten für die Priesterberufe." Der Platz vor dem Ölberg spielt bei den alljährlichen Fronleichnamsprozessionen eine besondere Rolle. „Dort bauen wir einen Altar auf und versammeln uns dort am Ende der Prozession zu einem Schlussgebet."

„In einer Andacht setzen wir die Monstranz im Ölberg aus und beten für die Priesterberufe."

In den Augen von Sparakowski hatte der Ölberg während des Zweiten Weltkriegs einen besonderen Schutzengel. Am 3. August 1944 nahmen US-alliierte Bomber den Kemptener Süden ins Visier und zogen eine todbringende Schneise der Verwüstung durch das Haubenschloßviertel. Dabei wurde das Kloster schwer getroffen. Beim Ölberg wurde nur das Dach beschädigt. „Sofort gingen Arbeiter der Baufirma Kunz und viele andere Helfer, darunter auch Klostervorsteher Pater Odilo Holzner, daran, die beschädigten Dächer der Klosteranlage abzudecken, um Witterungsschäden zu verhindern", erzählt der Mesner. Der Ölberg war den Gläubigen offensichtlich wichtig und so wurde er bereits Ende Oktober 1947 wiederhergestellt, das Kloster war zum Jahreswechsel 1949/50 bezugsfertig und die Kirche erstrahlte 1953 in neuem Glanz.

Ralf Lienert

So geht's zum Ölberg:

Er ist vor dem ehemaligen Kloster an der Immenstädter Str. 50.

Sabine Federl liebt die barocke Anlage rund um den Flora-Tempel.

18

Flora-Tempel

Gartenpavillon des Fürstabts

Täglich laufen unzählige Schülerinnen und Schüler durch den Kemptener Stadtpark, doch die wenigsten dürften sich für den kleinen, denkmalgeschützten Gartenpavillon beim Harmonie-Gebäude interessieren. Auch bei Stadtführungen bleibt der mehreckige Bau meist links liegen. Dabei zählt der Flora-Tempel (auch Pavillon der Flora) zu den Kleinoden der Stadt, wie Sabine Federl findet.

Als Schülerin der Maria-Ward-Schule hat sie das kleine Bauwerk einst entdeckt. Damals stellte sie sich viele Fragen: Für wen wurde dieser Pavillon gebaut? War er vielleicht ein Geschenk? Warum heißt er, wie er heißt? Schnell stieß sie bei ihren Nachforschungen auf Honorius Roth von Schreckenstein, der wie sie in Kempten zur Schule gegangen war: „Ab 1737 besuchte er das Stiftsgymnasium in Kempten, studierte Theologie in St. Gallen und Jura in Salzburg. 1750 kehrte er als Lehrer und Novizenmeister nach Kempten zurück." 1760 wählte ihn der Konvent zum Fürstabt von Kempten. 25 Jahre herrschte er in der Residenz und wurde nach seinem Tod 1785 in der Gruft der Stiftskirche St. Lorenz beigesetzt.

Sabine Federl fand heraus, dass Schreckenstein zahlreiche Kirchen und Kapellen errichten oder erweitern ließ, darunter auch den Pavillon der Flora: „Der Fürstabt galt als sehr gebildet, weltoffen, tolerant und fortschrittlich." In seine Regierungszeit fallen der Bau der Kapellen St. Magdalena in Hirschdorf (1774) und Mariä Heimsuchung auf dem Mariaberg (1783). Er ließ den Hofgarten neu anlegen und die spätbarocke Orangerie erbauen. 1777 richtete er die 1000-Jahr-Feier des Stifts Kempten aus.

Der Pavillon ist mit reichlich Stuck und Malereien ausgestattet.

Federl, die gerne Theater spielt und regelmäßig in die unterhaltsame Rolle der mittelalterlichen „Kempten-Kathi" steigt, weiß auch Schauerliches zu erzählen: „In die Amtszeit von Schreckenstein fiel 1775 der Hexenprozess gegen Anna Maria Schwägelin, der mit dem Todesurteil endete. Sie sollte auf dem Scheiterhaufen brennen." Doch der Fürstabt wandelte das Urteil zu einer Gefängnisstrafe um. Sechs Jahre nach ihrer Verurteilung starb die ehemalige Dienstmagd im sogenannten Stockhaus, dem stiftkemptischen Gefängnis in der Weiherstraße.

Vom einstigen Gefängnis in der Weiherstraße (das längst aus der Stiftsstadt in den Kemptener Osten verlagert wurde) bis zum Pavillon sind es nur wenige Minuten zu Fuß. Trotzdem liegen Welten dazwischen: Dort die Enge der stiftischen Herbergen und Gassen - hier die

Weite des Parks, in dem der Pavillon des Fürstabtes mit reichlich Stuck und Malereien verzaubert. Im Inneren des Pavillons befindet sich der Rokokostuck aus der Erbauungszeit. Rudi Kettner arbeitet seit Jahrzehnten beim Finanzamt und hat sich mit den Malereien beschäftigt: „In den Eckkartuschen sind die Bilder der vier Jahreszeiten zu sehen. Das Deckenfresko zeigt einen antiken Götterhimmel mit der Göttin Flora im Zentrum. Daher kommt der Name für den kleinen Tempel." Alle Malereien in dem Pavillon stammen wohl vom Allgäuer Künstler Linus Seif (1727-1800). Der Maler ist auch der Schöpfer der Deckenfresken der Kirchen von Untrasried, Oberthingau, Ottacker und Rechtis. Der Pavillon stand übrigens nicht immer an der heutigen Stelle. Früher war er etliche Meter weiter östlich im Garten der Gaststätte Harmonie-Stube. „Da gab es auch eine Kegelbahn", weiß Federl. Gerhardt Eichhorst war jahrzehntelang am Finanzamt beschäftigt und erinnert sich an die aufwändigen Bauarbeiten: „Mit der Erweiterung des Amtes in den Jahren 1979 bis 1982 wurde der Pavillon versetzt." Dazu wurde ein Betonfundament gegossen und der Flora-Tempel mit zwei Autokränen erst vom Harmonie-Garten in den Stadtpark und nach Fertigstellung einer Tiefgarage 1981 auf den heutigen Standort versetzt. Das kleine Bauwerk ist von einer Sandsteinbrüstung umgeben, die schon zu der alten Anlage gehörte.

„Die Restaurierung der Malereien und des Stucks übernahm der Allgäuer Kirchenmaler und Restaurator Gebhard Eyerschmalz", sagt Sabine Federl. Zu sehen ist das prachtvolle Innere nur zu zwei Terminen: Während der Allgäuer Festwoche und bei der Kunstnacht Kempten. Dann besucht Federl immer wieder das Kleinod und frägt sich: „Ob es wohl ein Geschenk für eine heimliche Liebe war?"

Ralf Lienert

So geht's zum Flora-Tempel:

Er steht hinter dem Harmonie-Gebäude in der Salzstraße 24.

Weinfass

Schräge Tür zu urigem Gewölbe

Dieses Haus ist gleich in doppelter Hinsicht rekordverdächtig: Da ist der wilde Wein, dessen Blätter die mehrstöckige Fassade im Sommer und Herbst so fest umklammern, dass kaum ein Millimeter Mauerwerk hindurchschimmert. Und auch die zweite Besonderheit hat mit dem Rebengewächs zu tun. Denn der kreisrunde Eingang zum Kellergeschoss sieht nicht nur so aus, als wäre er aus Fassdauben gezimmert – er ist tatsächlich der Boden eines Original-Weinfasses. Was sich dahinter verbirgt? Eine der urigsten Weinstuben Kemptens.

Doch wie kam das stattliche Fass, das ursprünglich Tausende Liter Wein „schlucken" konnte, nach Kempten, ins Zentrum der Bierregion Allgäu? Und was hat es mit dem verwinkelten Gewölbekeller auf sich, in den der extravagante Eingang führt? Uschi Schüler hat die Weinstube in der Kesselgasse 27 Jahre lang geführt. „Das Fass haben die Hausbesitzer, Hans und Antonie Grammetbauer, vor der Eröffnung des Lokals 1978 aus der Pfalz ins Allgäu gebracht. Dort war es nicht ungewöhnlich, dass Winzer alte Fässer zu Haustüren umfunktionierten." Bei einem Urlaub in Neustadt war offenbar die Idee geboren worden, das Original-Fass nach Kempten zu chauffieren.

Der verstorbene Hausherr, ein Architekt und Sammler alter Relikte, hatte das Gewölbe aus dem 18. Jahrhundert zuvor mit großem Aufwand renovieren lassen, berichtet Uschi Schüler. Dazu gehörte auch der Einbau von Butzenscheiben oder wuchtigen Holzbalken, die nach dem Abbruch historischer Häuser in Kempten eigentlich als Bauschutt entsorgt werden sollten.

Wofür das enge Gewölbe des 1745 errichteten Gebäudes früher genutzt wurde, hat der heutige Besitzer Peter Grammetbauer herausgefunden: „Ab den 1920er-Jahren war dort ein Obstgeschäft untergebracht. Danach dienten die Räume einem Spielwarengeschäft als

Uschi Schüler vor der markanten Eingangstür, gefertigt aus einem Original-Weinfass.

Lager." Sogar Handkarren von Wochenmarkthändlern wurden dort zeitweise untergestellt.

Überhaupt seien Händler und Handwerker schon immer in dieser bis heute weitgehend unverfälschten Ecke der Stiftsstadt ansässig gewesen, sagt Uschi Schüler: „Schließlich steht das Haus in der Kesselgasse." Dem Straßennamen nach betrieben hier also Schmiede und Kesselmacher ihre Werkstätten. Von einem Gewerk kann Peter Grammetbauer sogar aus der eigenen Familiengeschichte erzählen: „Meine Großeltern hatten im Nachbarhaus eine Zinngießerei eingerichtet. Im Keller wurde das Zinn verarbeitet, im Erdgeschoss konnten die Kunden dann Krüge oder Teller kaufen."

Zu guter Letzt will Peter Grammetbauer auch eine moderne Legende nicht verschweigen: „Lange Zeit hielt sich das Gerücht, dass im Keller der Weinstube die Reste des Hildegardis-Brunnens eingelagert waren. Es wurde aber trotz intensiver Suche nie eine Spur von ihnen gefunden." Der gusseiserne Wasserspender auf dem Hildegardplatz war 1847 aufgestellt und 1950 demontiert worden. Gerade ältere Kemptener vermissen den markanten Brunnen im gotischen Stil noch immer schmerzhaft, verlieh er dem Hildegardplatz doch eine ganz besondere Atmosphäre.

„Lange Zeit hielt sich das Gerücht, dass im Keller der Weinstube die Reste des Hildegardis-Brunnens eingelagert waren."

Markus Raffler

So geht's zum Weinfass:

Der markante Eingang liegt an der Ecke von Kesselgasse und Salzstraße.

Vorarlberger Grab im Schwanderholz.

20

Vorarlberger Gräber

Schlachtfeld im Wald

Kempten wurde vor über 200 Jahren zum Schauplatz von Auseinandersetzungen zwischen Frankreich und Österreich. Begonnen hatte alles mit dem Spanischen Erbfolgekrieg (1701-1714). „Erst kamen die Österreicher in die Stadt und ließen, als sie weiterzogen, eine Besatzung von 600 Mann zurück", schreibt Max Förderreuther in einem *Kemptner Heimatbuch*. Dann rückte das bayerisch-französische Herr an und zwang die Gegner 1703 nach kurzer Beschießung der Stadt zur Übergabe. Ein Jahr später kamen die Österreicher zurück und warfen die Franzosen nach mehrtägiger Belagerung aus der Stadt.

„Danach war fast 100 Jahre Ruhe in Kempten", erzählt Rudolf Völk. 1796 drang das Revolutionsheer der Franzosen im Kampf gegen Österreich bis ins Allgäu vor. „In der Stadt kam es zu Zusammenstößen, die mit dem Rückzug der österreichischen Soldaten endeten."

Dann marschierte Erzherzog Karl von Österreich-Teschen (1771-1847) mit seinen Truppen vor, zwang die Franzosen zum Rückzug und kam 1797 selbst durch Kempten.

Im Frühjahr 1800 besetzten erneut französische Truppen die Stadt, plünderten sie aus und zogen erst ein Jahr später wieder ab. An diese Zeit erinnert noch der Franzosenbauerhof im Süden der Stadt. „Die Franzosenkriege brachten für Kempten völlig neue staatliche Verhältnisse", sagt Völk. Im September 1802 besetzten Soldaten aus München die Stadt und brachten sie unter bayerische Herrschaft.

Im Pressburger Frieden bekam Bayern 1805 von Napoleon für seine militärischen Dienste Tirol und Vorarlberg zugesprochen. Vorarlberg kam zum neugebildeten Illerkreis, in dem Kempten bis 1817 die Hauptstadt war. „Die Bayern machten sich schnell unbeliebt bei den Allgäuern: allgemeine Wehrpflicht, hohe Abgaben und einschneidende Kirchenpolitik", erklärt Rudolf Völk.

Um die französische Herrschaft in Deutschland zu beenden, erklärte Österreich im April 1809 den Franzosen den Krieg. Das war der fünfte Koalitionskrieg zwischen den beiden Nationen. Österreich wurde von Großbritannien unterstützt, Frankreich vom Rheinbund, zu dem auch das Königreich Bayern gehörte.

Wiederholt fielen Tiroler und Vorarlberger ins Allgäu ein, um dort die Besatzer anzugreifen und sich im Norden Luft zu verschaffen. Unzufriedene Allgäuer schlossen sich dem Aufstand an, der in einer blutigen Schlacht vor den Toren der Stadt Kempten endete. Damals metzelten Franzosen und Bayern gemeinsam die aufständischen Vorarlberger nieder.

Am 17. Juli 1809 sollte ein Großangriff auf Kempten unternommen werden. Unter dem Kommando des Vorarlberger Befehlshabers Dr. Anton Schneider (1777-1820) rückte ein Teil der Aufständischen von Westen her über den Buchenberg vor. „Das Zentrum des Angriffs ging vom Weißholz los und der rechte Flügel stand an der Iller. Doch der französische Kommandant bekam Wind von den Angriffsplänen und es kam zu einer blutigen Schlacht im so genannten Schwanderholz am Südrand der Stadt", erzählt Völk.

Der Allgäuer Landsturm, mit selbst gefertigten Piken und Sensen bewaffnet, stand hinter dem vorarlbergischen Zentrum und hatte etliche Wagen dabei, um die erhoffte Beute aus Kempten mit nach Hause zu nehmen. Doch es sollte anders kommen.

Völk erzählt gestenreich den Ablauf der Schlacht: „Um 5 Uhr morgens begann der Angriff und ein vorgeschobener französischer Posten wurde überrannt.“ Doch die Feldwache in Haslach (Haslacher Hof) leistete erbitterten Widerstand. Mit Verstärkung aus der Stadt wurden die Angreifer am Franzosenbauerhof vorbei in Richtung Buchenberg abgedrängt. An der Abwehr waren auch Allgäuer Bürgerwehren beteiligt. Am Buchenberg stand eine weitere bayerisch-französische Einheit und so geriet das Gefecht dort ins Stocken. Als auch noch der rechte Flügel der Vorarlberger bei Durach angegriffen wurde, brach der Angriff zusammen

Rudolf Völk am Österreicher-Denkmal.

Panik brach aus. Die Landesschützen suchten ihr Heil in „schleunigster Flucht“. Etwa 30-200 Tote (die Quellen geben unterschiedliche Zahlen an) und 50 Verwundete hatten die Aufständischen zu beklagen. „Begraben wurden die toten Voralberger an Ort und Stelle “, erklärt Rudolf Völk.

Das Hauptgrab liegt am Westrand einer Wiese im so genannten Schwanderholz unweit der Weiler Steinberg und Kaurus. „Ursprünglich stand hier ein auf einem kleinen Hügel errichtetes Steinkreuz“, erinnert sich Rudolf Völk. Auf dem Querbalken des Kreuzes stand die Inschrift *Vorarlberger Grab 1809.*

Das Steinkreuz ist 1977 durch ein Kreuz aus massivem Holz ersetzt worden. Dieses war im Laufe der Jahre derart verwittert, dass sich Bürger darüber im Rathaus beschwerten. Abhilfe kam im Jahr 2020 von Schülern der Kemptener Berufsschule, die ein neues Kreuz zimmerten.

Die ursprüngliche Steinplatte wurde ebenfalls ersetzt: *Hier liegen Vorarlberger gef. 17.7.1809 im Kampf für ihre Freiheit gegen Franzosen u Bayern.* Drei weitere Gräber am Südrand tragen die Inschrift *Vor-*

arlberger Gräber, eine Gedenktafel ist in Albris in den Boden eingelassen.

Am 25. Juli 1809 wurde der letzte Versuch der Vorarlberger, Kempten zu erobern, im Kampf vereitelt. Bis 1814 verblieb Vorarlberg beim Königreich Bayern. Dann kam es zurück an Österreich – bis auf die Herrschaft Hohenegg, das heutige Westallgäu. Dies bekam Bayern als Zugangstor zum Bodensee. An die Verbindungen der Allgäuer zu Vorarlberg und Südtirol erinnerte ab dem Jahr 1889 der Österreicher Verein Kempten. In den besten Zeiten hatte der Verein 110 Mitglieder. 1953 trat der gebürtige Kemptener Rudolf Völk dem Verein bei und kümmerte sich über Jahrzehnte um die Pflege von zwei Denkmälern im Wald: die Vorarlberger Gräber und das Österreicher-Denkmal, das an die Gefallenen des Ersten und Zweiten Weltkriegs erinnert. Für seinen Einsatz erhielt er im Jahr 2003 das Goldene Verdienstzeichen Österreichs. Jetzt ist der Verein aufgelöst und die Stadt kümmert sich um die beiden Gedenkstätten.

Vor dem Holzkreuz erinnert ein Gedenkstein an die blutige Schlacht.

Über den Verlauf der Geschichte spekulierte im Jahr 2009 der Oberallgäuer Landrat Gebhard Kaiser bei der Eröffnung der Andreas Hofer-Freilichtspiele Altusried: „Hätten 1809 die Vorarlberger und die Allgäuer gesiegt, vielleicht wäre das Allgäu heute gar nicht mehr bayerisch."

Ralf Lienert

So geht's zu den Vorarlberger Gräbern:

Vom Parkplatz am Adelharzer Weg führen zwei Waldwege nach Norden. Sie sind mit Wegweisern zu den Gedenkstätten versehen.

Michael Lucke steht neben dem Kollergang, der einst bei der Papierherstellung eine wichtige Rolle spielte.

21

Metalltrog

Kemptener Büttenpapier, ein Exportschlager

Die Form dieses Troges erinnert fast schon an eine Backschüssel. Wären da nicht das Material und die überdimensionale Größe: Gefertigt aus massivem Stahl, gut einen Meter hoch, der Rand gewölbt. Und mittendrin zwei parallel angeordnete Mahlsteine, verbunden durch eine massive Metallkonstruktion. Das rätselhafte Relikt, das offensichtlich etliche Jahrzehnte auf dem Buckel hat, ziert eine kleine Grünfläche am östlichen Illerufer – in direkter Nähe zu einem Wasserkraftwerk und nur wenige

Meter vom großen Illerwehr am Rand der Kemptener Altstadt entfernt.

Doch was hat das Mahlwerk einst zerkleinert, und weshalb steht es hier? Michael Lucke, der Geschäftsführer des Kemptener Stromversorgers Allgäuer Überlandwerk (AÜW), kennt die Antwort. „Das ist ein sogenannter Kollergang, ein Mahlwerk aus Stein. Es ist ein Überbleibsel der Schachenmayr'schen Papierfabrik, die einst an dieser Stelle stand."

Über 400 Jahre lang waren die Mitglieder der Familie im Kemptener Land als „Papyrer" bekannt, berichtet Lucke. So ist ein Hans Schachenmayr in einer Urkunde von 1584 als Geselle in der Papiermühle im nahen Kottern erwähnt. 1710 schließlich gründete Max Schachenmayr junior die Mühle am Illerwehr. Die Papierherstellung hatte in der Stadt und den umliegenden Orten seit dem späten Mittelalter große Tradition. Zahlreiche Mühlen nutzten in früheren Jahrhunderten die Kraft der Iller für ihre Zwecke. Kemptener Bütte galt als besonders hochwertig und wurde damals, ebenso wie Harnische und Leinwand, in zahlreiche europäische Länder exportiert.

Die beiden Mahlsteine wiegen mehrere Zentner.

Doch wofür genau wurde der Kollergang gebraucht? „Das Mahlwerk mit seinen kreisenden Läufersteinen diente dazu, die Fasern von Stroh, Altpapier und Lumpen zu zerkleinern. Der dadurch entstehende Faserbrei war der Grundstoff für Papier", erläutert Lucke. Diese Masse wurde mit großen Mengen Wasser in Holzbottichen, den sogenannten Bütten, aufgeschlämmt. Der „Büttgeselle" schöpfte daraus mit seinem Schöpfrahmen, der auch das Wasserzeichen übertrug, Bogen für Bogen. Das wässrige Papier wurde schließlich zwischen zwei Filzdeckeln ausgepresst und zum Trocknen aufgehängt. Um es beschreiben zu können, musste es allerdings erst noch durch ein Leim-Bad gezogen, getrocknet und geglättet werden.

Die Einführung des Kollerganges mit seinen zentnerschweren Läufersteinen war im 19. Jahrhundert nicht die einzige Innovation in der Papierindustrie: „1842 lief in der Schachenmayr'schen Fabrik die erste dampfbetriebene Papiermaschine Bayerns. Sie ersetzte das Schöpfen von Hand und lieferte erstmals zusammenhängende Papierbahnen", berichtet der AÜW-Geschäftsführer. 1845 wird in Frankreich ein chemisches Verfahren zur Cellulose-Aufbereitung entwickelt. Fortan dienten zunehmend Gräser, Stroh, Nadelhölzer und sogar Abfälle aus der Möbelherstellung als Papiergrundstoff.

Ende des 20. Jahrhunderts jedoch war es vorbei mit der altbewährten Papierherstellung an der Iller. Weil die Fabrik nicht mehr rentabel genug arbeitete, traf das Unternehmen 1976 dasselbe Schicksal, das in den Jahrzehnten zuvor die Holzsägen, Getreidemühlen, Griesfärben und Lederstampfen in der Nachbarschaft ereilt hatte: Sie wurde abgewickelt. 1985 schließlich verschwand auch das markante Gebäude von der Bildfläche.

Bis 2016 lag das Areal brach. Dann nahm das AÜW am seit Jahrhunderten genutzten Standort, den so mancher Kemptener für einen Ort der Kraft hält, ein modernes Restwasserkraftwerk in Betrieb. Direkt über den Turbinen und Generatoren lädt seitdem eine Sommerbar mit Terrassenstufen, Liegestühlen und Altstadt-Blick zum Verweilen ein. „Die Wasserkraft ist unser Rückgrat, damit fing bei der Gründung 1920 alles an", erläutert Lucke. Inzwischen betreibt der Stromversorger zwölf kleine und große dieser Anlagen – „wir würden diese Zahl gerne erhöhen", sagt Lucke. Es gebe allerdings kaum noch freie Standorte, die für ein Kraftwerk geeignet sind.

Markus Raffler

So geht's zum Metalltrog:

Das historische Mahlwerk steht auf einer kleinen Grünfläche am Illerufer, direkt neben der Sommerbar Fiume (Kaufbeurer Straße 1). Die wiederum liegt an der Altstadt-Illerbrücke.

690
680
670
660
650
640
630
620
610
600
HOCHWASSER 23.AUG200
HOCHWASSER 22.MAI 1999

22

Hochwassermarken

Reißende Fluten bedrohen die Altstadt

Die Bewohnerinnen und Bewohner der Kemptener Altstadt müssen seit Jahrhunderten mit den Launen der reißenden Iller leben. So lautlos sich das Wasser in den Sommermonaten durch die Stadt schlängelt, so geräuschvoll kann es im Frühjahr nach der Schneeschmelze durch das Flussbett toben und über die Ufer treten. An diese Ereignisse erinnern zwei grau-weiße Metallplatten neben einer gelb-schwarzen Messlatte. Auf der einen steht „Hochwasser 23. Aug 2005", auf der anderen „Hochwasser 22. Mai 1999". Zwei Daten, viele Schicksale. Dabei waren diese jüngeren Hochwasser gar nicht so verheerend wie viele andere, für die es in Kempten keine Metalltafeln mehr gibt.

Bettina Löffeler beschäftigte sich intensiv mit dem Leben am Fluss, führte Gespräche mit Anwohnern und Fachleuten. Vor allem im 20. Jahrhundert bereitete die Iller den Kemptenern besonders viel Kummer. Allein in der ersten Hälfte wurden sechs Mal Spitzenwerte gemessen: Am 3. August 1901, am 9. Mai 1912, am 15. Mai 1930, am 31. Mai 1940 und am 24. November 1944. Der absolute Höhepunkt war am 15. Juni 1910, als Kempten von einem Jahrhunderthochwasser heimgesucht wurde.

Der Illerpegel liegt normalerweise bei 1,37 Meter, doch an diesem Tag im Jahr 1910 war er 4,50 Meter hoch. Ein bis dahin unvorstellbarer Wert. Weite Teile Kemptens standen unter Wasser. Die braune Flutwelle fraß sich in Keller und Wohnungen, vernichtete Möbel, Hausrat und Kleidung. Für viele der 21.000 Einwohner war das Hochwasser ein Spektakel. Ganze Gruppen wanderten von den höher gelegenen Stadtteilen in die Altstadt und verfolgten, wie Anwohner aus der Bäckerstraße auf flachen Kähnen am St.-Mang-Platz in Sicherheit gebracht wurden.

Was für die einen die Zerstörung ihrer Habe bedeutete, war für die Schulbuben zu Beginn des 20. Jahrhunderts ein Heidenspaß. Mit

Bettina Löffeler am Pegelhaus Weidacher Weg.

kurzen Hosen posierten damals Lausbuben in der überfluteten Brennergasse, wie Fotos im Stadtarchiv belegen.

Weitgehend in Vergessenheit geraten ist das Hochwasser vom Mai 1930. Starke Regenfälle und Schneeschmelze ließen die Iller innerhalb kurzer Zeit von 2,26 Meter auf 3,83 Meter anschwellen. Die Wasserkraftwerke mussten stillgelegt werden, das Gaswerk, die Papierfabrik Schachenmayr und die Chemische Fabrik Elhardt wurden geräumt. Nach den Erfahrungen früherer Hochwasser hatte Kempten 1930 eine Wasserwehr im Einsatz, die Bürgern in Not half. Unterstützung bekam beispielsweise Bäckermeister Weixler in der Brennergasse, in dessen Hausflur sich das Wasser auf 15 Zentimeter staute. Im Illerparadies bei Lauben stand das Wasser einen halben Meter hoch.

Das Wasserwirtschaftsamt Kempten notierte weitere Hochwasser am 5. Mai 1964, 10. August 1970, 8. Juni 1971 und 2. Juni 1976. Im Anschluss nahm der damalige Oberbürgermeister Dr. Josef Höß (geboren 1931, amtierte von 1970-1990) den Hochwasserschutz in Angriff, investierte Geld für Mauern und Dämme entlang der Altstadt.

Trotz einer Flusskorrektur und Deichbauten kam es in Kempten zwischen 1999 und 2013 zu weiteren Hochwassern, von denen zwei als statistisch herausragend gelten – eben jene, an die die Metalltafeln erinnern. Das Hochwasser vom 22. Mai 1999 gilt für die Experten aus dem Wasserwirtschaftsamt Kempten als einmalig in 500 Jahren und das vom 23. August 2005 als einmalig in 300 Jahren. Seit 1999 flossen 100 Millionen Euro in den Hochwasserschutz im Bereich der Iller im Oberallgäu und die Bewohner der Stadt Kempten fühlen sich ein Stück weit sicherer.

Der Kemptener Historikerin Bettina Löffeler ist es aber wichtig zu betonen: „Die Iller hat zwar mit ihren Hochwassern Not und Leid, aber auch viel Positives gebracht. Sie wurde schon von den Römern als Verkehrsweg für die Flößer genutzt und treibt noch immer Kraftwerke an."

Den Namen hat der reißende Gebirgsfluss von den Kelten. „Damals hieß er Hillaria, die Eilige, die Muntere." Vor 1300 floss die Iller ab Höhe des Alten Holzplatzes in Richtung NW, wo sie sich um die Burghalde herum in Richtung Kronenstraße und Freudental verzweigte. Eine undurchlässige Molasseschicht verhinderte den Weiterfluss nach Norden. Um 1300 kam es auf fürstäbtliche Veranlassung hin zu einer künstlichen Flussverlegung nach Osten, indem u.a. das alte Flussbett zugeschüttet und die Molasseschicht durchbrochen wurde. Mit der nunmehr stärkeren Fließgeschwindigkeit des Flusses war es möglich, das Mühlenwesen anzutreiben, so dass die Stadt wirtschaftlich prosperierte.

„Die Iller hat zwar mit ihren Hochwassern Not und Leid, aber auch viel Positives gebracht. Sie wurde schon von den Römern als Verkehrsweg für die Flößer genutzt und treibt noch immer Kraftwerke an."

Der Fluss hatte nun befestigte Ufer, eine Brücke statt einer Furt und ein Wehr, um das Wasser zu den Mühlen auf der neuen Mühlinsel zu leiten. Außerdem entstand so ein neues

Ralf Lienert

So geht's zu den Hochwassermarken:

Von der Illerstraße aus biegt der Weidacher Weg Richtung Norden ab. Auf der Höhe des Parkplatzes hinterm Feuerwehrhaus steht ein Pegelhaus. Dort sind die Marken und der aktuelle Pegelstand der Iller ablesbar.

23

Wolkenbrunnen

Kühles Nass aus 88 Düsen

Vor dem Kemptener Theater, hoch am Himmel, schwebt eine weiße Wolke und spiegelt sich in der großen Glasfront des Hauses. Nachts wird die Wolke über dem Vorplatz beleuchtet und kommt gerade in Kombination mit einem beleuchteten Theaterfoyer sehr gut zur Geltung. Besucherinnen und Besucher nutzen die Theaterpause oft, um ein wenig Luft zu schnappen, doch dabei gilt es aufzupassen, weiß Nicole Schönmetzer: „Wer hier zu lange stehen bleibt, wird ganz sicher nass."

Denn die weiße Wolke ist nicht nur ein schmückendes Beiwerk zum Theater. „Das ist Kemptens höchster Brunnen", verrät die Theaterexpertin. „Alle 30 Minuten regnet es aus der Wolke über dem Vorplatz." Über Verteilschläuche werden die 88 Düsen an der Unterseite des Kunstwerks mit Wasser beschickt. Damit der Brunnen pünktlich regnet, ist eine Pumpe mit einer Zeitschaltuhr gekoppelt. Damit niemand von einem Guss überrascht wird, beginnt die Wolke ihre fünfminütigen Regenschauer mit einzelnen Tropfen.

Das Theater war einst der Salzstadel der Freien Reichsstadt, 1353 erstmals urkundlich erwähnt. Die ersten Aufführungen von Kemptener Komödianten datieren auf das 17. Jahrhundert. Eigentlich ist der Vorplatz samt Wolke die Verlängerung des Theaterfoyers. „Aber der wird viel zu selten genutzt", findet Nicole Schönmetzer. Vielleicht wollen die Gäste in schicken Abendkleidern und festlichen Anzügen einfach nicht nass werden. Das Theater in Kempten hat eine lange Geschichte. Anfang der 2000er-Jahre überzeugte Oberbürgermeister Dr. Ulrich Netzer den Stadtrat von seinem Vorhaben, das Theater grundlegend zu sanieren und zu erweitern. Architekt Michael Molitor lieferte die Pläne und aus der Bürgerschaft kam die Zusage, für die 8,25 Millionen teure Sanierung Spenden zu sammeln. Der eigens gegründete Förderverein „Zugabe" unter Leitung von Annemarie Simon steuerte letztlich eine Million Euro bei.

Nicole Schönmetzer steht auf dem Vorplatz des Theaters, über dem Kemptens höchster Brunnen hängt.

„Diese Wolke symbolisiert die Verbindung von Haus, Stadt und Natur", erklärt Nicole Schönmetzer und beschreibt die Entstehungsgeschichte. Für den Entwurf konnte Stephan Huber gewonnen werden. Huber war von 2004 bis 2017 Professor an der Akademie der Bildenden Künste in München, wo er selbst von 1971 bis 1978 studiert hat. „Huber stammt aus Lindenberg und gilt als großer Künstler", sagt Schönmetzer stolz. Seine Installationen zierten schon die Biennale di Venezia, Documenta und ein Terminal am Flughafen München.Der Künstler selbst sieht seine Wolke mit dem Namen „Cumulus: Cambodunum" als Reminiszenz an die barocken Baumeister früherer Zeit, die plastisch und malerisch die Allgäuer Landschaft und die Wolkengebirge in die Kirchen und Festräume geholt hatten. „Die regnende Wolke impliziert Bühnenzauber und ist zugleich poetische Geste", sagte einst Peter Baumgardt. Er war nach der Wieder-Eröffnung des Stadttheaters im Jahr 2007 – heute Theater in Kempten (TiK) – der erste künstlerische Leiter des Hauses. Zuvor war jahrzehntelang der Spielbetrieb ehrenamtlich von der Theatergemeinde Kempten organisiert worden.

Eine weitere Besonderheit an dem schon so besonderen Brunnen ist die unterirdische Verbindung zwischen der Iller und dem Stadttheater. Das Wasser für die kurzen Regenschauer stammt aus dem Kemptener Fluss und fließt anschließend wieder zurück, das ist einmalig in der Stadt. Die kleine Wolke hat übrigens eine Schwester im Foyer: Der Verein Zugabe wollte einen Beitrag zur künstlerischen Ausgestaltung liefern. Das Team um Annemarie Simon finanzierte eine weiße Wolke, die über den Treppen im Theaterfoyer schwebt und singt: Schönmetzer schmunzelt über die Unterschiede: „Draußen regnet es kühles Illerwasser und die kleine Wolke drinnen versprüht Musik vom Band."

Ralf Lienert

So geht's zum Wolkenbrunnen:

Das Theater ist in der Theaterstraße 4, die Wolke befindet sich unübersehbar direkt davor.

Sybille Kennerknecht an der Klostertorsäule in der Fußgängerzone.

24

Klostertor

Der Abbruch dauerte jahrelang

Die Reichsstadt Kempten und das Stift Kempten waren einst nicht eine, sondern zwei stolze Städte, getrennt von einer dicken und hohen Mauer mit mächtigen Türmen. Auf der einen Seite standen die fürstäbtliche Residenz und die barocke Stiftskirche, auf der anderen Seite wohnten erfolgreiche Kaufleute, Handwerker und Bürger. Deren Hauptstraße führte von der St.-Mang-Brücke über den Rathausplatz und die Klostersteige hinauf in die Neustadt. An der Nahtstelle stand das imposante Klostertor.

Martin Kellenberger (1857-1939) schrieb in seinem *Buch der Erinnerungen*: „Das Klostertor war ein malerisch-imposantes herrliches

Doppeltor, bestehend aus einem äußeren Vortor und einem inneren Haupttor. Das letztere war überragt von einem mächtigen, mit vier Türmchen reizend belebten Hauptturme." Doch davon ist heute nichts mehr zu sehen.

Sybille Kennerknecht kennt die Geschichten um die Kemptener Stadttore ganz genau. Sie beschäftigt sich seit 2012 mit der Historie der Doppelstadt. Wer rein wollte, musste eines der Stadttore passieren. „Dort standen Torwächter, die den Pflasterzoll kassierten und die Menschen auf Krankheiten kontrollierten. Wer schwer erkrankt war, kam ins Seuchen- oder ins Leprosenhaus", sagt die Stadtführerin. Die wesentlichen Stadttore waren das Iller- oder Metzgertor, das Fischertor, das Waisentor, das auch Toten oder Neustädter Tor genannt wurde sowie das Klostertor. Es hatte neben der militärischen Bedeutung auch repräsentativen Charakter, weil es direkt im Blickfeld des Fürstabts lag. Das imposante Klostertor wurde schon 1443 erwähnt und 1470 ausgebaut, von dort führten Straßen nach Isny und Leutkirch. Während des Dreißigjährigen Kriegs wurde das Stadttor im Jahr 1633 zerstört und erst 1660 wieder errichtet, allerdings ohne den markanten Hauptturm.

Es ranken sich einige Sagen um die Türme und Tore. Die wohl bekannteste Geschichte hatte Heimatforscher Karl Reiser (1853-1922) für sein Sagenbuch aufgeschrieben: „Dem Bürgermeister war nämlich einmal seine Meise ausgekommen. Da ist allsogleich der Befehl ergangen, man solle alle Tore schließen, und die Bürger mussten alle Straßen und Häuser durchsuchen, ob die Meise nicht zu finden sei. Und noch heutigestags, wenn ein Kemptener einen Winkel durchsucht, sagt man, dass er die Meise fangen wolle."

In der Reichsstadt lebten erfolgreiche Handelsleute, die Familien waren meist finanzstark und die Handwerker waren in Zünften organisiert, beispielsweise die Weber und die Brauer. Das Patriziat der Reichsstadt Kempten, die in der „Burgerstube" zusammengefassten Patrizier-Familien, stellte neben den Zünften das Machtzentrum der Reichsstadt Kempten dar. „Man blieb meist unter sich", urteilt Kennerknecht. Das blieb auch so, als es im September 1802 vorbei war mit der alten Ordnung: Bayerische Truppen besetzen Stift und Stadt Kempten und im Januar 1802 fielen die beiden Städte durch den Reichsdeputationshauptschluss unter Verlust ihrer bisherigen Eigenstaatlichkeit endgültig an Bayern. Regent war der bayerische Kurfürst, ab Januar 1806 König Maximilian I. Joseph von Bayern (1756-1825). 1808 wurde Kempten sogar Hauptstadt des Illerkreises, der vom Montafon bis Augsburg reichte.

Heimatforscher Josef Rottenkolber (1890-1970) schrieb dazu: „Erst am 25. Januar 1811 wurden die beiden Städte zu einer sogenannten Munizipalgemeinde zusammengeschlossen." Die Leitung übernahm ein von der Regierung ernannter Administrator. Dieser verfügte gleich, dass die trennenden Symbole verschwinden müssen, den Anfang sollte das Klostertor machen. „Die Abbrucharbeiten zogen sich mehrere Jahre hin", erklärt die Stadtkennerin.

Die Klostertorsäule steht an der Nahtstelle zwischen Residenzplatz und Klostersteige.

Über den Abbruch im 19. Jahrhundert schrieb Kellenberger, dass „das heimatliebende Herz von tiefer Wehmut ergriffen wird, dass dieses schöne Tor einst fallen musste – fallen musste zur öffentlichen Bekundung eines Staatsaktes, dem auf beiden Seiten das Gemüt der Bürger kühl und fremd gegenüber stand."

Jahrhundertelang standen sich die Bewohner der jetzt vereinigten Stadt Kempten kritisch gegenüber. Und kritisch waren sie auch gegenüber der neuen Herrschaft: Nun gehörten sie über Nacht zum Königreich Bayern und wurden aus dem fernen München regiert. „Die staatlich verordnete Zwangsvereinigung der beiden Städte Kempten brachte nicht die gewünschte Vereinigung zwischen Stifts – und Reichsstadt", unterstreicht Sybille Kennerknecht. Sie belegt das mit den Hochzeitsbüchern der St.-Mang-Kirche, wo so gut wie keine Trauungen zwischen katholischen und evangelischen Paaren verzeichnet sind. „Die Familien der katholischen Stiftsstadt und der protestantischen Reichsstadt standen sich auch nach der Zwangsehe der beiden Städte reserviert gegenüber", sagt die Expertin. „Bis nach Ende des Zweiten Weltkriegs im Jahr 1945 war die Trennung in den Köpfen vorhanden, gemischte Ehen war lange Zeit kaum vorstellbar."

Doch das ist längst Vergangenheit. Heute erinnert ein Denkmal an die Stadttore, es steht am Eingang der Klostersteige, die 1970 als erste Fußgängerzone in Bayerisch-Schwaben eingeweiht wurde. Die Klostertorsäule von Bildhauer Hans Wachter (1931-2005) wurde im Juli 2002 anlässlich des Residenzplatzfestes enthüllt. Der Lions Club Kempten (Allgäu) wollte damit an die Säkularisation 1802 erinnern. „Wachter verwendete dazu Reliefs aus einer früheren Treppenanlage an der Klostersteige. Neben dem Klostertor verwendete er Darstellungen von Riegerturm, Fischertor, Malzmühlenturm und Kloster um 1628", sagt Sybille Kennerknecht.

Wachter hat darin auch Königin Hildegard (758-783) verewigt, Tochter des schwäbischen Grafen Gerold aus dem Geschlecht der Geroldonen und der Imma, Tochter des alemannischen Grafen Hnabi und Hereswintha vom Bodensee. Hildegard war die dritte Frau Karls des Großen und Mutter Ludwigs des Frommen. Hildegard gilt als Gönnerin des Klosters Kempten und wurde intensiv verehrt, ihre Bildnisbüste zierte das Stiftswappen und einige Münzen der Fürstabtei. Dazu gibt es auch eine Besonderheit, weiß Kennerknecht: „In Kempten hießen bis ins 20. Jahrhundert viele Mädchen traditionell Hildegard."

Ralf Lienert

So geht's zum Klostertor:

Es steht am nördlichen Eingang zur Fußgängerzone vor dem Haus Klostersteige 17.

Auge in Auge mit einem markanten Reformator: Dekan Jörg Dittmar und das Relief von Primus Truber.

25

Relief

Slowenischer Luther in geheimer Mission

Richtig schlau wird man nicht aus diesem Gesicht. Der Blick des Mannes ist entschlossen. Fast grimmig scheint das Augenpaar sein Gegenüber aus tiefen Höhlen zu fixieren. Die breite Stirn und der wallende Bart verstärken diesen Eindruck. Doch wer ist dieser Greis – und warum schaut er so finster von der Südfassade der evangelischen St.-Mang-Kirche auf den Betrachter herab?

Auch Jörg Dittmar zieht das ausdrucksstarke Bronzerelief an der Kirchenmauer immer wieder in seinen Bann. Der strenge Blick, so vermutet der evangelische Dekan von Kempten, soll wohl an die Glaubenstreue und die Standfestigkeit erinnern, die der Abgebildete auch in schwierigen Zeiten an den Tag legte. Der Bärtige heißt Primus Truber (1508-1586), war Gelehrter und Reformator und gilt in seinem Herkunftsland Slowenien als Nationalheld. Sein Konterfei ziert dort sogar die Ein-Euro-Münze.

„Diese Verehrung hat einen guten Grund", sagt Dekan Dittmar. „Denn Truber hat die Bibel auf Basis lateinischer Buchstaben ins Slowenische übersetzt. So entstand in einer Art Lautschrift die erste Schriftsprache seiner Heimat." Die slowenische Sprache existierte im frühen 16. Jahrhundert nur mündlich, erläutert der Dekan. „Die Literatur und letztendlich die Identität dieses Landes fußen deshalb auf Trubers Werk." Und noch etwas ist markant: Damals gab es Slowenien noch nicht als Nationalstaat. Die heutige Hauptstadt Ljubljana (Laibach), in deren Nähe Truber 1508 zur Welt kam, war lange Zeit Kapitale des Herzogtums Krain und gehörte bis 1804 zum Heiligen Römischen Reich.

Doch selbst diese Verdienste erklären nicht, warum man dem Reformator ausgerechnet in Kempten ein Denkmal an der Kirchenwand gesetzt hat. „Primus Truber ist zwar kein Sohn der Stadt, aber er war von 1553 bis 1562 lutherischer Pfarrer an der St.-Mang-Kirche", bringt Jörg Dittmar Licht ins Dunkel. Und wie kam der „slowenische Luther" ins weit entfernte Allgäu? Das liegt an den unruhigen Zeiten, die in Europa nach dem Ende des Mittelalters herrschten. „Truber wurde immer wieder vertrieben", erläutert der Kemptener Dekan. Denn er war bereits in jungen Jahren eine streitbare Persönlichkeit.

Schon kurz nach seinem Studium und der Priesterweihe 1530 in Triest begeisterte sich der Philosoph und Theologe für die Ideen der Reformation. „Er hat sie regelrecht aufgesogen", sagt Dittmar. Das habe besonders für die Strömungen des Schweizer Reformators Ulrich Zwingli (1484-1531) gegolten, der in einigen Fragen noch radikaler gesinnt war als sein berühmter Zeitgenosse Martin Luther (1483-1546). Weil die Obrigkeit seine Haltung ablehnte, floh Truber – inzwischen zum Domherren befördert – 1548 aus seiner Heimatstadt Laibach. Es verschlug ihn erst nach Nürnberg, dann nach Rothenburg. 1553 schließlich fand er eine Anstellung als Stadtpfarrer in der evangelischen Reichsstadt Kempten, die Luthers Lehre nach Kräften förderte. Dies allein schon aus dem Antrieb heraus, das katholische Stift Kempten als ungeliebten Nachbarn zu ärgern. „Die neun Jahre in Kempten waren für Truber eine ruhige Zeit, denn innerhalb der Stadtmauern war er sicher“, verdeutlicht Dittmar. „Er hat zahlreiche Schriften übersetzt, etwa die paulinischen Briefe – und zwar Wort für Wort. So, dass es auch für einfache Menschen verständlich war. Truber hat in Kempten fortgesetzt, was Luther auf der Wartburg begonnen hatte.“

Wehe aber, wenn Truber die Reichsstadt in geheimer Mission verließ, etwa um seine in weiten Teilen Süddeutschlands verbotenen Manuskripte auf Lastkarren zur Druckerei nach Tübingen zu bringen. „Dabei war er ständig in Gefahr, denn auf die Verbreitung solcher Schriften stand vielerorts die Todesstrafe“, erläutert Dittmar. Überliefert ist, dass der Reformator seine Handschriften deshalb in Strohballen und Salzfässern versteckte. Von Tübingen aus wurden die gedruckten Texte dann über ein ausgeklügeltes Netzwerk nach Osteuropa gebracht. „Alles ging gut, er wurde erstaunlicherweise nie verraten.“

Nicht nur das Bronzerelief erinnert heute in Kempten an den laut Dittmar „genialen und mutigen Theologen“, der in Derendingen bei Tübingen begraben ist. Auch ein besonderes Glockenläuten in der St.-Mang-Kirche geht laut Dekan auf ihn zurück: Offenbar bis ins die 1960er-Jahre hinein wurde der Beginn der Sonntagspredigt mitten im Gottesdienst weithin hörbar angekündigt. Erst dann erschienen die Zwinglianer unter den Gläubigen. Warum? Sie wollten sich die aus ihrer Sicht überflüssigen lithurgischen Elemente ersparen, die zuvor an der Reihe waren.

Markus Raffler

So geht’s zum Relief:

Das Kunstwerk befindet sich an der Südhalle der St.-Mang-Kirche, nur wenige Meter neben der Kasse der Erasmus-Kapelle. Die St.-Mang-Kirche steht inmitten der Altstadt zwischen Rathaus und Bäckerstraße.

Stadtbefestigung

Wo Soldaten zweimal Kempten erstürmten

Neun Tortürme und rund ein Dutzend weitere Befestigungswerke zählte die Freie Reichsstadt Kempten, als sie 1802/03 vom bayerischen Staat einverleibt wurde. Die meisten mittelalterlichen Bastionen fielen in den folgenden Jahren der Spitzhacke zum Opfer – teils auf Weisung der Regierung in München, teils aus überzogenem Fortschrittsdenken der Kemptener Obrigkeit. Nur zwei Türme haben die Jahrhunderte unversehrt überdauert: die weithin sichtbare Burghalde und ein eher unscheinbarer Rundturm am Fuß des Burgplateaus.

„Pulvertürmle" heißt dieses knapp acht Meter hohe Bollwerk, das einst die Stadtmauer zwischen der Burghalde und dem Illerufer sicherte, und in dem über Jahrhunderte Pulver und Waffen zur Verteidigung der Stadt gelagert waren. Hinter diesem Mauerzug lag die sogenannte Brennergassenvorstadt. Sie war erst im späten 15. Jahrhundert, ebenso wie die Vorstadt auf der anderen Illerseite, in den Mauerring einbezogen worden.

Was heute in Vergessenheit geraten ist: „Das Pulvertürmle wurde lange Zeit Schwedentürmle genannt", sagt Stadtführerin Gabi Scheidl. „Denn an dieser Stelle überrannten die Schweden 1634 die Stadt." Bereits 1631 hatte es sich erstmals gerächt, dass die mittelalterliche Stadtbefestigung in diesem Bereich vergleichsweise schlecht ausgebaut war. „Damals belagerten kaiserliche Truppen als Verbündete des Fürststiftes die Reichsstadt, nahmen sie schließlich im Sturm ein und hielten sie besetzt."

In der Folge wechselten sich Angriffe schwedischer und kaiserlicher Truppen auf die Reichsstadt ab. Auch das nahe Kloster des Fürstabtes wurde mehrfach belagert und schwer beschädigt. Bei der Attacke der Schweden auf die Stadt wurde laut Gabi Scheidl 1634 zwar vom Pulvertürmle und der Burghalde aus auf die feindlichen Linien gefeuert. Die Gegenwehr der überrumpelten kaiserlichen Einheiten konnte

Das Pulvertürmle am Fuß der Burghalde, in Sichtweite zur Iller.

allerdings nicht verhindern, dass die Schweden an dieser Stelle über den Graben setzten und schließlich mit Leitern über die Mauer gelangten.

Dieser Angriff fand mitten im Dreißigjährigen Krieg (1618-1648) statt – einer für Kempten verheerenden Zeit, in der Reichsstadt und Fürststift mehrfach gebrandschatzt wurden und überall Not und Elend herrschten. „Vor diesem Krieg zählte die Reichsstadt etwa 6000 Bürger, danach waren nur noch 900 übrig", verdeutlicht Scheidl. „Von diesem Schlag hat sich die Stadt nie mehr richtig erholt."

Gabi Scheidl an einer der Mauerscharten.

„Übrigens sollte das Pulvertürmle Anfang 1900 still und heimlich abgerissen werden", verrät Stadtführerin und Theaterpädagogin Gabi Scheidl ein weiteres Geheimnis. „Der Dachstuhl war bereits abgetragen, als ein Mitglied des Historischen Vereins Kempten davon Wind bekam und sich an das königliche Generalkonservatorium in München wandte." Die Landesbehörde verfügte daraufhin, dass der Turm zu erhalten und der Dachstuhl wieder instandzusetzen sei. „Zum Glück für Kempten, das leider so viel von seiner Stadtbefestigung verloren hat. Schön, dass dieses Türmchen mit seiner wirklich romantischen Ausstrahlung vom Abbruch verschont blieb", findet Gabi Scheidl.

Markus Raffler

So geht's zur Stadtbefestigung:

Das Relikt der spätmittelalterlichen Stadtmauer steht am Rand der Webergasse, südlich der Hausnummer 33. In seiner direkten Nähe zweigt der Lützelburgweg ab.

Franz Abele an der Besenkapelle.

27

Besenkapelle

Ein letztes Gebet vor dem Galgen

Eigentlich liegt die Besenkapelle an einer vielbefahrenen Hauptstraße, doch das kleine Gotteshaus wird von den Berufspendlern und Schülern auf ihrem Weg in die Stadt wenig beachtet. Dabei birgt das Kirchenbauwerk ein schauriges Geheimnis.

Franz Abele beschäftigt sich seit Jahren mit der Historie der Kemptener Galgen, die vielfach der Abschreckung dienten: „Deshalb ließ man die Gehängten auch lange Zeit gut sichtbar am Galgen hängen, bis die Krähen als Galgenvögel kamen." Die Richtstätten der beiden Schwesterstädte Kempten und Kempten befanden sich am Galgenbühl bei Binzenried und ab dem 12. Jahrhundert an einem kleinen Tobel nördlich des Stiftsstadt. Zwischen Nordschule und Kolpingstraße erinnert ein jüngst renovierter Gedenkstein an diese Zeit: „Hier stand bis 1814 der letzte Galgen des hochfürstlichen Stiftes Kempten.“ Das war die Zeit von grausamen Strafen im Fürststift Kempten, bis hin zur Hexenverbrennung. Für den Vollzug sorgte der jeweilige Scharfrichter, der sich aufgrund seines anatomischen Wissens – schließlich musste er wissen, wie man den Delinquenten möglichst viel Leid zufügt – auch als Mediziner verdingte. Und wenn man dort, während der Behandlung, auch mit ihnen in Berührung kam, wurden sie ansonsten geächtet und aus der Gesellschaft ausgeschlossen. Im Wirtshaus hatten sie einen eigenen Tisch, sie durften nur untereinander heiraten und leben mussten sie am Stadtrand, in Kempten nahe der Iller. Daran erinnert bis heute ein Straßenname „Beim Scharfrichter“. Der Beruf des Scharfrichters gehörte zu den „unehrlichen“ Berufen, was aber nichts mit mangelnder Ehrlichkeit zu tun hat, sondern sich von „unehrenhaft“ ableitet.

Franz Abele kennt aus den Akten des Stifts Kempten noch eine Besonderheit „Der Scharfrichter hatte das Recht, rund um den Galgen seine Kuh oder seine Geißen weiden zu lassen. Die fraßen dann das Gras mit dem Blut der Hingerichteten“, sagt Abele.

Er kennt die Foltermethoden, die angewandt wurden, um gerichtlich verwertbare Geständnisse zu erhalten. „Am Anfang zeigte der Scharfrichter dem Verhafteten die verschiedenen Folterinstrumente.“ Erst dann folgten die eigentlichen Torturen, die meist in der Öffentlichkeit vollzogen wurden. Abele weiß auch Bescheid über die Strafen, wie die Blendung, welche das Augenlicht zerstörte oder den Pranger auf bekannten Plätzen: „Den gab es für Felddiebstahl, Hehlerei, Verleumdung oder Unzucht.“

Die zum Tode Verurteilten wurden von den Soldaten des Stifts vom Gefängnis in der Weiherstraße durch die Memminger Straße aus der Stadt geführt. Und jetzt kommt auch die so friedlich wirkende Besenkapelle ins Spiel, die 1740 für den Hofmaler Franz Georg Hermann (1692-1768) direkt neben seinem Wohnhaus erbaut wurde. „Wer zur Richtstätte hinausgeführt wurde, durfte hier ein letztes Vaterunser beten“, weiß Abele. Deshalb heißt die Besenkapelle im Volksmund auch Kopfkapelle. Die Zeit der Galgen endete 1802 mit der Säkularisation. Stadt und Stift Kempten kamen unter bayerische Verwaltung und wurden 1818 zwangsvereinigt. Der Galgen aus Eichenholz stand noch einige Jahre und wurde 1814 für 91 Gulden versteigert.

Hofmaler Hermann kam wohl gerne in diese Kapelle, um dort zu beten. Auf einem dieser Gänge ereilte ihn dann auch der Tod. Der Altar aus dem späten 19. Jahrhundert ist 1964 durch ein Kruzifix ersetzt worden. Das Fresko aus dem Jahr 1928 zeigt die Heilige Familie und wurde von Siegfried Boeck erstellt.

In der Besenkapelle, die der katholischen Waisenhausstiftung gehört, stehen bis heute viele Besen im Eck: Reisigbesen und Handfeger. Abele kennt diesen Ausdruck der Volksfrömmigkeit: „Die Kapelle erhielt ihren Namen, weil Reisigbesen als Symbol der Reinigung geopfert wurden, in der Hoffnung, von Furunkeln und Geschwüren befreit zu werden." Dieser Brauch der Votivgaben lässt sich auf die Pestzeiten zurückführen. Menschen, die damals von der Pestkrankheit verschont blieben oder sie überlebten, opferten dafür einen sogenannten Hexenbesen. Und die Bezeichnung Hexe ist bis heute mit dem Stift Kempten eng verbunden. Anna Maria Schwegelin (1729-1781) war eine Dienstmagd, die 1775 als letzte „Hexe" Deutschlands zum Tode verurteilt wurde. Sie landete aber nicht auf dem Scheiterhaufen, sondern starb 1781 im Gefängnis des Fürststifts Kempten.

„Die Kapelle erhielt ihren Namen, weil Reisigbesen als Symbol der Reinigung geopfert wurden, in der Hoffnung, von Furunkeln und Geschwüren befreit zu werden."

Ralf Lienert

So geht's zur Besenkapelle:

Sie liegt in der Memminger Straße 61 gegenüber dem ehemaligen Kreiskrankenhaus in Nachbarschaft zur Kindertagesstätte St. Nikolaus und dem Gerhardinger Haus.

28

Der Beobachter

Die Jenisch-Häuser am St.-Mang-Platz

Hoch oben über der Kemptener Altstadt schaut seit Generationen ein Mann auf das bunte Treiben am St.-Mang-Platz. „Er sieht einen immer an, egal von welcher Seite man über den Platz läuft", sagt Sabine Federl. „Der Mann mit seinem Dreispitz auf dem Kopf fällt nur wenigen Menschen auf", verrät die gebürtige Kemptenerin und zeigt weit nach oben, wo der große Unbekannte mit Hut und Gehrock, auf eine Holztür gemalt, die die Dachluke verschließt, einen langen Gegenstand in der Hand hält und nach unten zielt. „Hat er nun ein Fernrohr oder ein Gewehr in der Hand?", fragt sich Sabine Federl. Das ist auch mit dem Fernglas nicht eindeutig auszumachen. Und auch ansonsten ist der Herr äußerst geheimnisumwittert. Sabine Federl hat noch nicht herausgefunden, was es mit dem Bild auf der Holztüre auf sich hat. Auch ein Gang ins Stadtarchiv bringt keine Erkenntnis. Über das Gebäude, an dem es aufgemalt ist, weiß sie aber eine Menge – und das könnte ein Indiz für die Identität des Herrn sein.

Federl beschäftigt sich seit über zehn Jahren mit der Stadtgeschichte und die ehemalige Reichsstadt mit ihren imposanten Patrizierhäusern ist ihr besonders ans Herz gewachsen. Sie kennt das denkmalgeschützte Patrizierhaus mit seinem hohen Satteldach und die direkt anschließenden roten Häuser, die einst der Familie Jenisch gehörten. Der Name ist erstmals Mitte des 14. Jahrhunderts in Augsburg nachweisbar (Bartolomäus Jenisch, geb. 1349).

„Jenisch ist der Name einer weit verbreiteten Kaufmannsfamilie, deren Zweige im 16. und 17. Jahrhundert in Augsburg, Kempten und Memmingen sowie vom 18. bis 20. Jahrhundert in Hamburg großen Einfluss hatten", weiß die Diplom-Verwaltungswirtin. Die Jenisch waren 1746 als Ritter von Jenisch Edle von Lauberzell in den erblichen Reichsritterstand erhoben worden und gehörten über Generationen zur politischen Elite der Stadt. „Im 18. Jahrhundert gab es nur zwei

Sabine Federl vor dem Jenischhaus und roten Häusern am St.-Mang-Platz.

kurze Zeitabschnitte, in denen kein Familienmitglied im Geheimen Rat saß. In der Zeit von 1631 bis 1804 bekleideten mehrere Familienmitglieder das Amt des Bürgermeisters."

Die Familie habe im Dreißigjährigen Krieg einen hohen Blutzoll gezahlt, betont Federl: Bei der Erstürmung der Reichsstadt am 13. Januar 1633 durch die kaiserlichen Truppen wurde Bürgermeister Zacharias von Jenisch (1579-1633) erschlagen oder erschossen und mehr als 1400 Menschen kamen ums Leben. „Schreckensvollere Tage hat Kempten kaum mehr erlebt", schrieb Josef Rottenkolber (1890-1970) in seinem Buch *Aus Kemptens vergangenen Tagen*.

Und es stand mit Johann Jakob von Jenisch (1743-1829) wieder ein Familienmitglied an der Spitze der Reichsstadt, als diese 1802 wie andere Kommunen durch die Mediatisierung ihren Status als freie und unabhängige Stadt verlor und dem Kurfürstentum Bayern zugeschlagen wurde. Stadtarchivar Dr. Franz-Rasso Böck schrieb in seiner Dissertation: „Am 30.11.1802 (8 Uhr früh) versicherten der letzte Amtsbürgermeister vor der Besitznahme, Johann Jakob von Jenisch (der gemäß Stadtverfassung das Amt kurz zuvor turnusgemäß am 29.9.1802 übernommen hatte) sowie Bürgermeister Leonhard Fehr und Syndikus Dr. Johann Marin von Abele dem bayrischen Kommissär die städtische Unterwerfung unter den kurfürstlichen Willen."

Gehen wir noch einmal zurück ins 18. Jahrhundert: Die Jenischs wachten – so wie der Unbekannte am St.-Mang-Platz, was ein weiterer Hinweis darauf sein könnte, dass es sich um ein Familienmitglied handelt – nicht nur über die Entwicklung der Stadt, sie zeigten ihren Wohlstand in ihren eigenen Häusern. Johann Jacob Jenisch (1690-1763) war der größte Leinwandhändler und Spediteur der Stadt. Wie schon sein Vater war er Bürgermeister der Reichsstadt Kempten. Er kaufte 1729 das viergeschossige Haus aus dem 17. Jahrhundert, an dem das Bild angebracht ist. Im Jahr 1760 wurde das vier Fensterachsen breite Bauwerk innen umgebaut und der ursprüngliche Treppen- im 19. Jahrhundert gegen einen Volutengiebel ausgetauscht. „Im vierstöckigen Dachboden befanden sich kleine, gedrechselte Säulen", weiß Sabine Federl. „Vermutlich kam damals die Holztüre mit dem Beobachter in die Maueröffnung", mutmaßt Federl. „Der ist übrigens nicht alleine, unten links ist noch ein Kopf zu erkennen, vielleicht ist es seine Frau oder eines der Kinder." Johann Jacob von Jenisch war mit Susanne Catharina von Pfister (1695-1742) verheiratet.

Ab den Jahren 1959/60 folgten umfangreiche Sanierungen am Jenisch-Haus: Erst wurde das Gebäude im Zuge der Altstadtsanierung komplett entkernt und das Portal aus der Mittelachse nach rechts versetzt.

Das benachbarte Rote Haus (St.-Mang-Platz 3-5) gehörte ebenfalls der Familie Jenisch. Es ist wohl um das Jahr 1600 erbaut worden und erhielt beim Umbau 1763 seine barocken Formen. Das der Familie Jenisch von Kaiser Maximilian (1459-1519) verliehene Wappen befindet sich über dem Hauptportal des Hauses.

Aus der Dachluke schaut ein Mann auf das geschäftige Treiben in der Altstadt herab.

Die bekannten Bürger besaßen noch drei weitere markante Anwesen. 1.: Im Jahr 1655 erwarb Bürgermeister Wolfgang Leonard Jenisch (1596-1656) das Gebäude Rathausplatz 12, übernahm auch das angrenzende Haus und verband es zu einer Einheit. Hierbei wurde die mächtige repräsentative Fassade mit einem Barockgiebel versehen. Die Familie richtete im oberen Mittelteil des Anwesens im 18. Jahrhundert einen prächtigen Festsaal im Stil des Rokoko ein, fügte das aufwendige Treppenhaus ein und installierte eine eigene Wasserleitung. Das Haus blieb über mehrere Generationen im Besitz der Jenischs. 1804 gelangte das Doppelhaus durch Erbschaft, Heirat und Tausch an Christoph Friedrich von Ponikau, der es bis in das Jahr 1830 behielt. Seit 1916 ist es im Besitz der Allgäuer Volksbank.

2.: Die ehemalige Sommerresidenz der Familie steht im Augartenweg 13. An der Südwand befindet sich noch heute das von Jenisch-Lauberzellische Familienwappen.

3.: Ein weiteres markantes Patrizierhaus ist das Schlößle an der Fischerstraße. Das Renaissancegebäude mit den zwei erhobenen Erkern wurde von Bürgermeister Hans Ulrich Dorn (1651 gestorben) in den Jahren 1593 bis 1624 „an der Steig“ erbaut. Über Hans Walter von Jenisch (1868-1926), der die Tochter der Familie Sandholz heiratete, kam die Familie in den Besitz des Schlößles. Dr. Jörg Gabler ist heute stolz auf seine Familiengeschichte, die seit Jahrhunderten eng mit der Reichsstadt Kempten verbunden ist. Sein Enkel Lucas Zanichelli von Jenisch arbeitet seit 2017 im Vertrieb der familieneigenen Töpfer GmbH in Dietmannsried.

Die eigentliche Pracht des Hauses kam erst 1903 zur Geltung, als die Freitreppe angelegt wurde. Damals gab es zur Fischerstraße zwei Ladengeschäfte und auf den beiden Ecktürmen befanden sich Spitzhelme. Nach den Plänen des Kemptener Architekten Wolfgang Molitor, der selbst im Schlößle aufgewachsen ist, erhielt das Haus 1955/57 seine ursprüngliche Renaissance-Fassade und die kupfergedeckten Zwiebeltürme zurück. Damals entstand dort Kemptens erste kleine Fußgängerzone. Die zwei Wappen über dem ersten Stock erinnern noch heute an den Bauherrn Dorn und die Besitzer Jenisch.

Sabine Federl ist Theaterspielerin beim Jugendtheater Martinszell und schlüpft immer wieder in das Kostüm der „Kempten-Kathi“. Dann erzählt sie über die Kathi, eine Reichsstädterin, die von ihrer reichen Stadt und den Kaufleuten berichtet, die ihren Wohlstand gerne zeigten. Federl setzt sich dann gerne auf eine Bank am St.-Mang-Platz, schließt die Augen und stellt sich vor, wie der Herr Jenisch sie zusammen mit seiner Frau Susanne Catharina von oben beobachtet.

Ralf Lienert

So geht's zum Beobachter:

Das Jenisch-Haus liegt gegenüber der St.-Mang-Kirche und trägt die Hausnummer St.-Mang-Platz 1.

Das Zunftzeichen an der Stiftsmälzerei.

29

Zunftzeichen

Die Heimat der Brauer und Mälzer

„Dem Kemptner ist sein Bier heilig", sagt Harald Platz. Er war 16 Jahre lang Vorstand des Allgäuer Brauhauses und kennt die über 600 Jahre alte Geschichte der Stiftsbrauerei. Um die ehemalige Stiftsmälzerei ranken sich viele Geschichten, die spätestens nach dem zweiten Glas Allgäuer Büble Bier Fahrt aufnehmen. Denn dann wird an den Stammtischen der Stadt oft über die Geheimgänge der Fürstäbte und ihrer Konkubinen sinniert und zu fortgeschrittener Stunde manchmal auch reichlich phantasiert.

Dabei gibt es die unterirdischen Gänge tatsächlich. „Sie verbanden eine ganze Reihe von Gebäuden rund um die Basilika St. Lorenz", weiß Harald Platz. Dann holt er aus: „1680 gründete Fürstabt von

Bodman das Weiße Brauhaus, in dem erstmals Hefe-Weißbier gebraut wurde. An diese Tradition erinnern heute die Alt Kemptener Weisse und das Allgäuer Büble Edelweißbier."

1786 brannte das „Weiße Brauhaus" bis auf die Grundmauern nieder. Damals regierte Fürstabt Rupert von Neuenstein (1736-1793). Er sorgte dafür, dass in nur zwei Jahren an gleicher Stelle die neue Stiftsmälzerei entstand. An der Ostseite des Hauses sind heute noch zwei große Reliefs angebracht. Eines zeigt die Wohltäterin des Klosters, Königin Hildegard (758-783) und den Hinweis „Erbaut 1680". Auf dem anderen ist das Wappen der Brauer und Mälzer. Harald Platz erklärt die Einzelteile: „Da sind einmal der Bierschöpfer und die Maischegabel, dazu kommt die Malzschaufel und - als Zugaben zum Bier - Hopfenranken und Gerstenähren." Die Mälzerei zählt mit dem Marstall und dem Kornhaus zu den großen Gebäuden des Fürststifts Kempten. „Aus dieser Zeit stammen die geheimen Gänge tief unter dem Kopfsteinpflaster", erklärt Harald Platz. So gibt es im Kornhaus eine kleine Tür im Gewölbe, von der aus man bis zur Stiftsmälzerei kommt. „Aus den Lagerkellern der Stiftsmälzerei gab es früher noch einen Gang in die Brauereigaststätte zum Stift, der wurde aber beim Bau eines Abwasserkanals zerstört." Ob sich hier jemals Fürstäbte oder ihre Gespielinnen des Nachts unerkannt aus der Residenz gestohlen haben?

Harald Platz steht vor der Stiftsmälzerei.

Wohl kaum, denn das Fürststift stand 1786 schon kurz vor der Auflösung durch Kaiser Napoleon Bonaparte (1769-1821). Nach der Säkularisation 1802/03 übernahm Kurfürst Maximilian Joseph von Bayern (1756-1825) neben vielen anderen stiftischen Gebäuden auch die Brauerei auf dem versumpften Entenmoos. 1812 ging der Betrieb erst an die Witwe des Kurfürsten Karl Theodor von Pfalz-Bayern (1724-1799), Maria Leopoldina von Österreich-Este (1776-1848) und 1823 an den ehemaligen Stifts-Braumeister Martin Leichtle (1762-1836). Der hatte den Betrieb schon gleich nach der Säkularisation gepachtet. „Sein Bier war damals so gut, dass damit zwei Drittel des

Kemptener Bierdurstes gestillt wurden", weiß Harald Platz. Später übernahm Leichtles Sohn Johann (1809-1887) die Stiftsbrauerei. Auch wenn die Kemptener sehr durstig waren und sich gerne im Biergarten trafen, so setzte in der zweiten Hälfte des 19. Jahrhunderts ein Konzentrationsprozess ein. Nach dem Tod von Johann Leichtle übernahm die Familie Schedlbauer 1888 die Stiftsbrauerei in ihre neu gegründete Aktienbrauerei Kempten, welche 1921 im Allgäuer Brauhaus aufging. August (1871-1915) und Robert Weixler (1873-1929) gründeten 1911 das Allgäuer Brauhaus, dem sich im gleichen Jahr August Schnitzer (1843-1925) mit seiner Grünbaumbrauerei anschloss. „Die Gründer wollten ihr Unternehmen als Sammelbecken Allgäuer und schwäbischer Bierinteressen verstanden wissen und haben dies mit dem Firmennamen deutlich zum Ausdruck gebracht", erklärt Harald Platz.

Nach dem Ende des Zweiten Weltkriegs gliederte das Allgäuer Brauhaus die übrig gebliebenen Brauereien in Kempten ein: 1963 Storchenbrauerei, 1971 Brauerei Bayerischer Hof und 1981 Brauerei zur Stadt Hamburg. Im Jahr 2003 übernahm die Kemptener Brauerei die Sailerbräu Franz Sailer KG aus Marktoberdorf. Seit dem gleichen Jahr gehört das Allgäuer Brauhaus über die RB Brauholding mit über 90 Prozent zur Radeberger Gruppe und damit zur Dr. August Oetker KG. Harald Platz wechselte am 1. Oktober 2005 in den Aufsichtsrat, Heinz Christ wurde neuer Vorstand. Die Stiftsmälzerei blieb bis 1954 in Betrieb. Danach stand das stattliche Gebäude lange leer, ehe 1981 die städtische Sing- und Musikschule einzog. Bei der grundlegenden Sanierung wurden die beiden Reliefbilder an der Straße aufgefrischt. „Die dürften Ende des 19. Jahrhunderts entstanden sein", urteilt Platz mit dem Blick auf den Schriftzug *Actienbrauerei Kempten*.

Ralf Lienert

So geht's zum Zunftzeichen:

Es befindet sich an der Ostseite der ehemaligen Stiftsmälzerei Memminger Straße 5.

Lokachse

Als in der Innenstadt Dampfrösser schnaubten

Was hat dieses rot lackierte Monstrum hier bloß verloren, mitten auf einem unscheinbaren Rasenstück zwischen dem Berufsschulzentrum und dem Einkaufszentrum „Forum Allgäu"? Man muss kein Eisenbahnkenner sein, um die einstige Nutzung der fast drei Tonnen schweren Stahlachse richtig zu deuten: Sie gehörte zu einer Lokomotive. Und die stammt, das verraten die halbmondförmigen Gewichte an den armlangen Speichen, aus der Dampflokära. Doch funktionsfähige Gleise gibt es hier weit und breit keine, auch wenn das Radpaar auf einem Schienenrest samt Prellbock steht.

Was also hat es mit dem merkwürdigen Abstellgleis auf sich? Der pensionierte Lehrer und Bahnexperte Reinhard Grünes hat die entscheidende Antwort parat: „Die historische Achse ist ein Zeitzeuge der langen Kemptener Eisenbahngeschichte. Sie soll daran erinnern, dass sich hier früher auf einer Fläche von etwa zehn Hektar der ehemalige Hauptbahnhof der Stadt ausgebreitet hat."

Das 1888 eröffnete Bahnhofsgebäude, ein repräsentativer Backsteinbau und Nachfolger eines ersten kleineren Bahnhofs von 1852, stand gut 50 Meter weiter in Richtung Norden – dort wo sich heute der Haupteingang des „Forums Allgäu" befindet. Der Kopfbahnhof verfügte über eine geräumige Eingangshalle, drei Wartesäle und einen Veranstaltungssaal. „Die Kemptener nannten ihn Silbersaal, er wurde in der Gründerzeit oft für Feste genutzt", verrät Grünes. Ein Gepäckaufzug verband die Gepäckausgabe mit den drei Bahnsteigen und fünf Gleisen.

„Kempten war in dieser Zeit das Bahnzentrum der Region", führt der Experte aus. Denn nach der Anbindung der Stadt an die vom bayerischen König Ludwig I. (1786-1868) vorangetriebene Ludwig-Süd-Nord-Bahn (Hof-Nürnberg-Augsburg-Lindau) im Jahr 1852, verliefen Zug um Zug weitere Strecken nach Kempten – von Ulm, Oberstdorf,

Fast drei Tonnen wiegt die mächtige Lokachse, die auf dem Abstellgleis einen Ehrenplatz gefunden hat.

Pfronten und Isny. Bis in die 1960er-Jahre wurde der Bahnhof täglich von bis zu 10.000 Reisenden genutzt. An manchen Tagen war Kempten Haltepunkt für 200 Reise- und über 40 Güterzüge. Am Standort waren nach dem Zweiten Weltkrieg 55 Dampfloks stationiert. Es gab einen Rangierbahnhof, zwei Ringlokschuppen mit zusammen 45 Ständen und ein Bahnbetriebswerk, das in Spitzenzeiten bis zu 270 Mitarbeiter beschäftigte.

Wobei der Kemptener Bahnhof am Rand des Stadtzentrums bereits zu Beginn des 19. Jahrhunderts nicht mehr von allen Zügen direkt angesteuert wurde. „Im Jahr 1907 ging eine Umgehungsbahn in Betrieb, die den Kopfbahnhof vom Durchgangsverkehr und den Güterzügen entlasten sollte", erläutert Bahnkenner Grünes. „Dadurch entfiel der ständige Lokwechsel, das hat eine enorme Zeitersparnis gebracht."

Um dieses Ziel zu erreichen, hatten die Königlich Bayerischen Staatseisenbahnen im zwei Kilometer entfernten Hegge einen kleinen Durchgangsbahnhof bauen lassen, von dem aus die Fahrgäste mit einem Triebwagen zum Kopfbahnhof gebracht wurden. Außerdem wurden bis 1906 zusätzlich zur bestehenden Bahnbrücke aus Holz zwei gewaltige Stampfbetonbrücken über die Iller errichtet. „Die waren damals mit ihrer Spannweite von etwa 150 Metern eine technische Pionierleistung", betont Grünes. Die Brücken, die in den letzten Tagen des Zweiten Weltkrieges teilweise gesprengt wurden, stehen heute noch und dienen dem Bahn- und Autoverkehr.

Reinhard Grünes neben dem ungewöhnlichen Abstellgleis mitten im Kemptener Zentrum.

Der 28. September 1969 brachte dann jedoch eine entscheidende Zäsur in der Kemptener Bahngeschichte: Um 12.15 Uhr fuhr laut einem Bericht in der *Allgäuer Zeitung* der erste Zug im neuen Durchgangsbahnhof ein. Die Bahn hatte für die gewaltige Summe von 39 Millionen Mark einen Kilometer weiter südlich ein komplett neues Bahnareal mit großzügigem Bahnhofsgebäude, moderner Güterabfertigung und Container-Umschlagplatz errichten lassen. „Der Bahnhof mit seinen drei Bahnsteigen und fünf Gleisen ist bis heute eine wichtige Drehscheibe für den Zugverkehr im Allgäu“, sagt Reinhard Grünes – auch wenn mit der 2021 fertiggestellten Elektrifizierung der Verbindung München-Lindau über Memmingen ein Teil des Fernverkehrs nicht mehr direkt über Kempten läuft.

Die Eröffnung des modernen Hauptbahnhofs 1969 bedeutete den Todesstoß für seinen Vorgänger am Rande der Innenstadt. Die Gleise wurden zügig abgebaut, das Gebäude selbst 1971 abgerissen, und die freie Fläche nach und nach mit einem Schulzentrum, einer Einkaufsgalerie und einer Multifunktionshalle bebaut. „Viele Kemptener bedauern diesen Verlust, denn das Gebäude war architektonisch eine große Bereicherung für die Stadt“, erläutert Grünes. Und es hat vieles erlebt in Kempten – bis hin zum Empfang des Fußball-Weltmeister-Teams von 1954, das auf dem Rückweg von Bern in Kempten Station machte. Damals drängten sich Tausende von begeisterten Menschen rund um den Bahnhof, um einen Blick auf das Team von Trainer Sepp Herberger zu erhaschen.

Noch heute sagen alte Kemptener respektvoll „Alter Bahnhof“ zu dem Platz, an dem bis 1971 der Bahnhofskiosk stand und Taxen auf ankommende Reisende warteten. Und auch die historische Treibachse, die vor dem Berufsschulzentrum ein dauerhaftes Abstellgleis gefunden hat, kündet weiterhin von der vergangenen Ära. Der Radsatz stammt übrigens von einer fast 23 Meter langen Güterzuglok der Baureihe 50, die – vollbepackt mit Wasser und Kohle – 146 Tonnen auf die Waage brachte und eine Last von über 2000 Tonnen ziehen konnte. Sie verschwand mit ihren Artgenossen 1966 auf Nimmerwiedersehen aus Kempten.

Markus Raffler

So geht's zum Abstellgleis:

Die historische Lok-Achse ist auf einem Rasenstück an der Ecke Kotterner Straße/Albert-Ott-Straße zu finden.

Freitreppe

Symbol der Vereinigung

Samstags spazieren unzählige Paare und Familien durch die Kemptener Fischerstraße, bleiben vor Schaufenstern stehen, setzen sich zu einer Tasse Cappuccino in eines der Straßencafés und freuen sich über Begegnungen mit Freunden und Bekannten in der Fußgängerzone. Bruno Steinmetz kennt die Kemptener Flaniermeile wie kaum ein anderer, schließlich war er an der Umsetzung maßgeblich beteiligt. „Das Herzstück ist die Freitreppe, sie gilt als Symbol der Vereinigung der beiden Kempten", sagt der langjährige Baudirektor. Dabei wurde um die Anlage so heftig gestritten, dass sich der Stadtrat entzweite.

Und das kam so: Adolf Horchler (1849-1929), der von 1881 bis 1919 Bürgermeister in Kempten war, hatte zum Ziel, aus der 1818 zwangsvereinigten Stifts- und Reichsstadt (siehe Geheimnis Klostertorsäule) endlich *eine* Stadt zu machen. Dazu muss man wissen, dass erst 1844 die Zollgrenze dazwischen fiel, bis 1869 gab es noch zwei getrennte Wochenmärkte und bis 1893 getrennte Getreideschrannen.

Zur Jahrhundertwende 1900 legte Horchler Pläne für die Freitreppe vor. Doch hier gab es sofort kräftig Gegenwind aus den Reihen der Stadträte, ihnen war das Vorhaben schlichtweg zu teuer. Über 40.000 Mark waren vorgesehen. Allein der Vorschlag, zwei stattliche Häuser an Fischerstraße und Klostersteige für eine Treppe zu opfern, sorgte für wütende Proteste.

Doch nicht nur die Politiker waren dagegen, auch Bürger kritisierten die Geldverschwendung in der Tageszeitung: „Mehr als ein Jahrzehnt mussten wir Anträge stellen und petitionieren bis man endlich 5000 Mark aufwenden konnte, um den Kirchberg in der Neustadt in einen […] annehmbaren Zustand zu versetzen; will man aber in der Altstadt überflüssige Durchbrüche schaffen oder Häuserstöcke niederreißen, oder kostspielige Treppen bauen, so fehlt es niemals an den nötigen Mitteln!"

Die Freitreppe verbindet die Fischerstraße mit der Rathausstraße.

Der Vorwurf, damit öffentliche Gelder zu verschwenden, verfolgte Horchler jahrelang. Aber der Bürgermeister konnte sich letztlich auf prominente Mitstreiter aus der Altstadt verlassen, darunter die Kaufmannsfamilie Anhegger. Friedrich Anhegger organisierte eine Bürgerinitiative für die Freitreppe und sammelte Spenden für den Erwerb der Grundstücke, so kamen 18.000 Mark zusammen. Der Ankauf des Pfeiferhauses am Ende der Rathausstraße kostete damals 2032 Mark, den Rest wollte die Stadt als Baukredit aufnehmen.

Letztendlich stimmten die Stadträte Ende 1901 mit 20 gegen 14 Stimmen für den Bau der Freitreppe und die Königlich-Bayerische Regierung billigte die nötige Kreditaufnahme. Die Stadt beauftragte mit der Planung Theodor Fischer (1862-1938) einen recht bekannten Architekten und Hochschullehrer an der Technischen Hochschule Stuttgart. Und wieder hatte Horchler mit Gegenwind zu kämpfen, denn Fischers Entwurf fand keine Mehrheit im Stadtrat. Darauf bezeichnete der Württemberger Architekt Kempten als eine hässliche Stadt und zog beleidigt von dannen.

Als Baudirektor hat Bruno Steinmetz die Freitreppe 1983 grundlegend saniert.

Der Beginn der eigentlichen Bauarbeiten zog sich monatelang hin. Nach Auseinandersetzungen um Gestaltung und Finanzierung der Treppenanlage, wurde im Juli 1903 der Startschuss gegeben. Baumeister Nikolaus Menninger durfte die beiden Häuser abbrechen und sämtliches anfallendes Baumaterial behalten. Aus der damaligen *Allgäuer Zeitung* ist zu erfahren, dass das Thema laufend auf der Tagesordnung des Magistrats stand. Stadtarchivar Dr. Franz-Rasso Böck durchforstete alte Protokolle und fand nach langem Suchen Hinweise auf abschließende Rechnungsforderungen an die Stadt, datiert auf April und Mai 1904. Er nimmt deshalb an, dass die Anlage im Frühjahr

1904 fertig gestellt wurde. Der Streit im Rathaus ging so weit, dass es für die Freitreppe weder eine Grundsteinlegung noch eine Einweihung gab. Für Stadtarchivar Dr. Franz-Rasso Böck markiert der Bau der Freitreppe 1903 das Ende der Trennung von Reichs- und Stiftsstadt. Die Eigentümer der angrenzenden Häuser, wie der Winkelbäck, kamen nur langsam der Verpflichtung nach, die Brandmauer in eine Fassade umzuwandeln. Wie wenig den Kemptenern die Freitreppe wert war, zeigt auch ein Blick in die Stadtliteratur. Selbst bei gründlichen Heimatforschern wie Max Förderreuther und Martin Kellenberger findet sich kaum ein Hinweis darauf.

Doch einer weiß das Bauwerk zu schätzen: Dr. Jörg Gabler (geboren 1931), seit mehr als 50 Jahren Seniorchef der Gabler-Saliter-Bank, urteilt über den Bau: „Als einen geglückten Eingriff in die alte Bausubstanz kann man wohl die Schaffung der Freitreppe bezeichnen." Seiner Familie gehört das Schlößle an der Fischerstraße. Der Bau der Treppe ermöglichte erstmals den Blick aus der Rathausstraße auf das Schlößle mit seinem schlanken Giebel und den beiden Ecktürmchen mit barocken Zwiebelhauben. Wohl um 1624 im Stil der Renaissance fertiggestellt, wurde es 1855, dem damaligen Zeitgeschmack entsprechend, neugotisch umgestaltet. Erst 1957 erhielt es wieder sein ursprüngliches Aussehen. Um auf das Bauwerk aufmerksam zu machen, wurden an der Freitreppe kurz nach der Erbauung die ersten elektrischen Straßenbeleuchtungen aufgestellt. Diese kosteten die Stadtkasse 1348 Mark.

In der Amtszeit des Oberbürgermeisters August Fischer (1909-1986) wurde die ursprüngliche Betonbrüstung an der Freitreppe durch Eisengitter ersetzt. Auf Fischers Anregung gab es 1953 eine Gedenktafel für die Spätheimkehrer sowie die Toten und Vermissten des Zweiten Weltkrieges. Später erhielt die Tafel einen erweiterten Text, wurde irreparabel beschädigt und abgebaut. Dafür wurde im Jahr 2018 die Tafel neu gefasst und beschreibt heute die Eckdaten Kemptens einzigartiger Geschichte.

Für Bruno Steinmetz ist es jedes Mal ein besonderer Moment, wenn er aus der Passage im Schlößle heraus an die Freitreppe geht: „Wenn ich am Geländer stehe und auf das Rathaus blicke, ist das für mich der schönste Balkon der Stadt."

Bruno Steinmetz war 1960 nach Kempten gezogen, um seine Karriere als späterer Baudirektor der Stadt zu beginnen. Der Mittlere Ring, Brücken und Unterführungen tragen seine Handschrift. Die Freitreppe gehört zu seinen einzigartigsten Baustellen.

Zu ihrem 80. Geburtstag erhielt die Freitreppe eine grundlegende Überholung. „Das Wasser drückte aus dem Hang und spülte immer wieder den Untergrund weg, einige Stufen waren schon schief", erinnert sich Bruno Steinmetz. Zusammen mit seinem damaligen Chef, Oberbürgermeister Dr. Josef Höß (geboren 1931), machte er sich 1983 an die Sanierung. Dazu wurden erst einmal alle Teile demontiert und der Untergrund mit reichlich Beton befestigt. Anschließend kamen die originalen Teile wieder an ihren angestammten Platz zurück. „Die Freitreppe besteht aus 49 Stufen und beginnt unten in zwei Treppenläufen, die einen mit einem Granitrelief des Stadtwappens verzierten Freitreppenbrunnen mit Marmorbecken umschließen", beschreibt Steinmetz die Anlage. Der Kemptener Bildhauer Hans Wachter (1931-2005) fertigte aus Stein die Wappen der Stadt und der 1972 eingemeindeten Stadtteile Sankt Mang und St. Lorenz.

Steinmetz war auch dabei, als im Juli 2003 der 100. Geburtstag der Freitreppe gefeiert wurde, diesmal mit Musik, Tanz und Theater. Da waren die Streitigkeiten im Rathaus längst vergessen. Für den Bauexperten erinnert die Freitreppe ein wenig an die Spanische Treppe in Rom und trägt damit zum norditalienischen Flair bei, das sich in den Sommermonaten rund um das Rathaus bildet. Zu diesem Ambiente gehört das Gasthaus Schalander, die frühere Weinstube „Zum strittigen Winkel". Gastwirt Heiko Burger serviert seine Allgäuer Schmankerl im Sommer auf der Freitreppe, er sagt: „Kommen Sie, genießen Sie Kempten."

Ralf Lienert

So geht's zur Freitreppe:

Vom Rathaus aus nach Westen oder über die Fischerstraße.

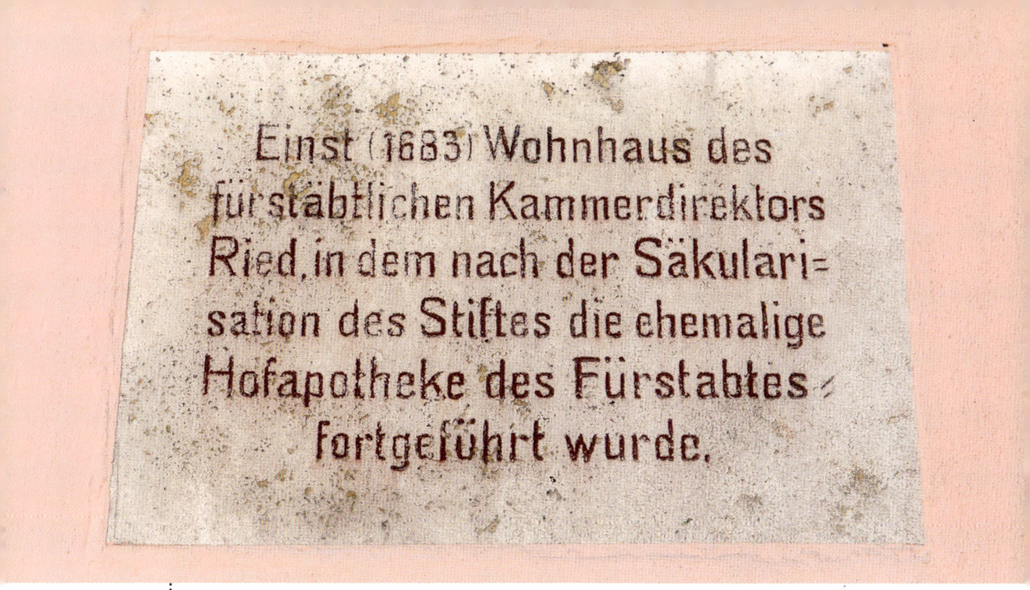

Diese Inschrift erinnert an die Geschichte des Hauses Poststraße 16.

32

Hofapotheke

Museumsreife Einrichtung

Die Hof- und Residenzapotheke gehört seit 1690 zum gewohnten Stadtbild in Kempten. Seit rund 30 Jahren leitet Olympia Haslinger „mit Leidenschaft“ Kemptens älteste Apotheke. Die heutige Pharmazie ist für sie viel mehr als nur Pillen und Pulver; sie verfügt über ein ganz besonderes Wissen und dazu kennt sie noch viele Geschichten rund um ihr Haus, ein Kleinod aus der Zeit der Fürstäbte.

Im Fürststift Kempten gab es bis zum Ende des 17. Jahrhunderts nämlich gar keine Apotheke. Die Bewohner von Stadt und Land waren, wenn sie Medizin, Arzneimittel, Salben und dergleichen brauchten, einzig auf die Apotheke in der Reichsstadt Kempten angewiesen. Abt Rupert von Bodman (1646-1728) entschloss sich, „zu seiner und des Kapitels besserer Lebens- und Gesundheitsversicherung ein eigenes Corpus Pharmaceuticum aufzurichten“.

„Zuerst war die Apotheke in drei Räumen im Erdgeschoss der Residenz eingerichtet“, berichtet Haslinger. Nach der Säkularisation ging sie am 23. April 1804 in den Besitz des ehemaligen Hofpharmazeuten Fuchs über, der die Offizin, das Laboratorium und die Vorratsräume 1812 in das Haus Poststraße 16 verlegte.

Und dieses Haus selbst reicht in seinen Anfängen zurück in die Zeit des Fürstabtes Rupert von Bodman, der von 1678 bis 1728 regierte. In einem Hofratsprotokoll vom 8. Januar 1683 heißt es wörtlich: „Dem Kammerdirektor Rid wird der Platz, worauf vor diesem ein Haus gestanden, gleich von der Möser‘schen Tafern [wahrscheinlich die heutige “Post“] gegenüber an der Straße gegen die Mühlen hinauf zwischen zwei kemptischen Gärten gelegen wegen seiner treu geleisteten Dienste gnädigst verehrt, jedoch dass er all hier ein sauberes Haus bauen soll.“

„Die Apotheke ist meine Leidenschaft“, betont Haslinger. Sie stammt aus Griechenland und war mit ihren Eltern während der Zeit der Athener Militärjunta Ende der 1960er Jahre nach Bayern gekommen. Mit 14 Jahren hatte sie einen Ferienjob in Fürstenfeldbruck und kam erstmals mit der Pharmazie in Berührung.

Olympia Haslinger in der Hof- und Residenzapotheke.

Nach dem Studium in München kam die junge Apothekerin 1993 nach Kempten und war gefangen von der altehrwürdigen Apotheke. Ein Teil der alten Einrichtung steht im neuen Stadtmuseum, dafür lieferte sie die fachliche Begleitung. Von ihrer Eingangstüre aus hat sie einen direkten Blick auf das Museum im Zumsteinhaus. Die Holz-Figur eines Alchemisten steht noch immer mitten in der Apotheke und wacht über das Kommen und Gehen, über die vielen kurzen und langen Gespräche, die fachlichen Tipps und den Tratsch unter Nachbarn.

Von denen hat Haslinger die Geschichte von den Schlittenrennen früherer Tage: „Der Start war am Haubensteigweg, die Strecke führte an den beiden Hofmühlen vorbei durch die Poststraße. Wer es bis zur Hofapotheke schaffte, war der Sieger."

In den Räumen in der Stiftsstadt hat sich das Flair vergangener Jahrhunderte gehalten: eine tiefbraune Holzvertäfelung der Wände, viele alte Schubladen, unter der mächtigen Kassettendecke hängt ein Geweih mit einer weiblichen Galionsfigur, darunter ein massiver Holztresen aus dem 19. Jahrhundert. Das erinnert schon sehr an ein Museum und so kommen immer wieder Kunden, die gefangen sind von der Atmosphäre. „Einige Besucher möchten nur schauen und freuen sich an unserem Ambiente", sagt Haslinger. Die Räume stehen inzwischen unter Denkmalschutz, wurden 1993 renoviert und technisch nachgerüstet.

„Einige Besucher möchten nur schauen und freuen sich an unserem Ambiente."

Olympia Haslinger ist längst begeisterte Allgäuerin und die Apotheke ihr Wohnzimmer. Im Jahr 2005 erfüllte sie sich einen Herzenswunsch, das Hildegardis Lädle. Dafür zweigte sie einen Teil der Offizin ab. Die pflanzlichen Präparate, die Haslinger dort anbietet, gehen auf Schriften der Benediktinerin Hildegard von Bingen (1098-1179) zurück. So wird im traditionellen Ambiente noch heute klassische Medizin, sprich Allopathie, Homöopathie und Phytotherapie sowie Ernährungsberatung, angeboten.

Ralf Lienert

So geht's zur Hofapotheke:

Von der Salzstraße in die Poststraße Richtung Westen. Nach wenigen Schritten steht das markante Haus auf der rechten Seite.

Traubenkeller

Gewölbe für Bier, Gemüse und Blumen

Christian Ilg kennt die Geheimnisse, die im mächtigen Burghalde-Hügel schlummern, genau. Und er weiß, dass es dabei um Bierfässer geht. Um Bierfässer, um Gemüse und um Blumen. Doch der Reihe nach: Die ehemalige Reichsstadt Kempten war einst reich an Brauereien. „Im ausgehenden 19. Jahrhundert gab es hier an die 30 Betriebe, die in ihren Sudkesseln aus Kupfer meist helles Bier gebraut haben", sagt der gebürtige Allgäuer, der sich seit seiner Kindheit mit der Stadtgeschichte befasst. Mit dem Bierbrauen war's aber noch nicht getan, schließlich musste der gefragte Gerstensaft auch noch gekühlt werden. Der Kühlschrank war noch nicht erfunden, doch die findigen Brauer wussten sich auch anders zu helfen: „Für die Bierfässer wurden von drei Seiten aus tiefe Stollen in den Burghalde-Hügel gegraben", erläutert Christian Ilg. In diesen Stollen, tief unter der Erde, seien die Fässer dann bis in den Sommer hinein gelagert worden. Zur Temperierung diente Natureis. „Das Eis, das in den Bierkellern für Kühlung sorgt, wurde im Winter in den umliegenden Weihern gestochen. Alternativ zog man es auf einem Eisgalgen aus Holz oder Stahl, über den Wasser gegossen wurde, aus dem dann Eiszapfen entstanden", sagt Ilg. Anschließend wurde das Eis mit Kutschen oder Schlitten zu den Bierkellern gefahren.

Einer dieser Keller ist der Traubenkeller an der Lützelburg. Der Mann, der ihn graben ließ, hieß Johann Stetter. Im Jahr 1845 hatte er die 1706 erstmals erwähnte Brauerei Zur Blauen Traube übernommen. Die war mit 700 Hektolitern Jahresproduktion eine der kleinsten Brauereien in der Stadt und hatte häufig den Besitzer gewechselt. Zum Vergleich: Die Stiftsbrauerei stellte damals über 10.000 Hektoliter Bier her: „Die Brauer gehörten zwar zu den größten Steuerzahlern der Stadt, aber die Traube war nie eine Goldgrube", sagt Wirtschaftsexperte Ilg.

Viel Ertrag gebracht hat die Blaue Traube bis zum Jahr 1845 nicht.

Die Gewölbe des Traubenkellers sind heute ungenutzt.

Erst Johann Stetter war erfolgreich: Er baute für seine Gäste neue Öfen in die Schankräume ein und steigerte den Bierausstoß auf fast 1800 Hektoliter. Und: „Um das Bier bis in den Sommer hinein kühl lagern zu können, wurde eben jener Traubenkeller angelegt, in dem mit Natureis gekühlt wurde", schließt Ilg den Kreis seiner Erzählung. Die mit dem Kellerbau beauftragten Arbeiter hatten keinen leichten Job: Sie schlugen den Lagerkeller von Hand in den Hang der ehemaligen Kemptener Burg. Als sie fertig waren, hatten sie drei Räume geschaffen: „Einen Vorraum als Kältebrücke sowie zwei Ziegelgewölbe für Bierfässer und Eisblöcke." Anschließend wurden um den Eingang und über dem Gewölbe schattenspendende Bäume gepflanzt. Das war besonders wichtig, weil er nach Süden ausgerichtet war und das Bier möglichst lange kühl bleiben sollte.

Christian Ilg am Eingang zum Traubenkeller am Lützelburgweg.

Johann Stetter war nicht der einzige Brauer, der auf die Idee kam, im Burghalde-Hügel einen Lagerkeller anzulegen: Neben seinem Traubenkeller finden sich auf der Ostseite der Lammkeller, der Sieben-Hansen-Keller und der Ochsenkeller sowie an der Nordseite der Grünbaumkeller und der Mohrenkeller, der heute unter dem Namen Ritterkeller ein beliebter Treffpunkt in der Altstadt ist. Allesamt sind sie nach den Brauereien benannt, zu denen sie einst gehörten.

Und wie ging es mit der Blauen Traube weiter? 1890 übernahm Georg Deuringer den Betrieb. Erfolg hatte der Mann allerdings nicht: „Er stellte schnell fest, dass die Einrichtung veraltet ist und völlig unrentabel produzierte", erklärt Ilg die Schließung der Brauerei im

Jahre 1892. Die Gaststätte blieb bis 1895 geöffnet, dann trennte sich Deuringer von dem Anwesen in der Vogtstraße. Auf dem Brauereigelände erbaute Zimmermeister Xaver Böck erst eine Gewerbehalle und später ein Kino (Kammer-Lichtspiele, Ka-Li-Kino). Anstelle der beiden Sommerbierhallen entstand ein Neubau. Hier öffnete die neue Gaststätte „Zur blauen Traube", die mehrfach den Namen wechselte: 08/15, Zagreb und heute „Verein türkischer Arbeitnehmer in Kempten und Umgebung".

Nach der Auflassung der Brauerei kaufte Gärtnermeister Friedrich Heiler den Lagerkeller am Lützelburgweg. „Er baute das Fasslager zum Wohnhaus um und in den Gewölben lagerten Gemüse und Blumen", sagt Ilg, der seine heimatgeschichtlichen Forschungen in bislang acht Büchern veröffentlicht hat. Im Zweiten Weltkrieg erfuhr das Gewölbe dann aber seine vielleicht wichtigste Funktion: Jetzt fanden hier Menschen Zuflucht, die vor den Luftangriffen der alliierten Bomber Schutz suchten. Mit dem Ende der Gärtnerei im Freudental 1970 kam auch das Aus für den Traubenkeller. Das verlassene Wohnhaus fiel im Jahr 1984 der Spitzhacke zum Opfer und der Keller wurde mit einem mächtigen Vorhängeschloss versehen.

„Er baute das Fasslager zum Wohnhaus um und in den Gewölben lagerten Gemüse und Blumen."

Ralf Lienert

So geht's zum Traubenkeller:

Der Eingang zum Traubenkeller befindet sich am Lützelburgweg. Selbiger ist von drei Seiten erreichbar: Von der Webergasse, vom Freudental und von der Burghalde.

Wegkreuz

Erinnerung an einen Fuhrwerksunfall

Der Lugemannsweg gehört zu den beliebtesten Spazierwegen in Kempten. Vom Hotel Waldhorn aus führt er oberhalb des Stadtweihers bis nach Albris. Im Winter liegt dort reichlich Schnee und so startet am Lugemannsweg eine Langlaufloipe Richtung Süden. Früher war es allerdings ein ziemlich einsamer Weg weit vor den Toren der Stadt. Und im Winter 1920 wurde die schneebedeckte Straße einem Mann und seinem Fuhrwerk zum tödlichen Verhängnis.

Das Schicksal dieses Mannes, sein Name war Matthäus Freudling, ist fast völlig vergessen, doch Heimatforscher Helmut Weber aus Steufzgen wurde bei einem Spaziergang auf ein überwuchertes Denkmal aufmerksam. In einem Dickicht zwischen zwei Ahornbäumen entdeckte er im Sommer 2020 ein Holzkreuz: „Die Christusfigur hing schief, Arm und Zehen fehlten", erzählt der rüstige Senior. „So kannst du den Christus nicht hängen lassen", sagte er sich und wollte einerseits mehr wissen, andererseits der Heiligenfigur zu Hilfe eilen.

Bei seinen Nachforschungen stieß Weber auf Wendel Freudling, der ihn auf Amalie Mader verwies, auf deren Grund das Kreuz seinerzeit errichtet wurde. Sie wusste noch, dass Freudling im Winter mit seinem Pferdefuhrwerk verunglückt war und an den Folgen gestorben ist. Der Weg führt vom Anwesen Mader steil nach oben Richtung Westen. Dort liegt noch heute der Bauernhof der Familie Freudling. Im Zuge seiner Recherche besuchte Weber den Hof und stöberte dort zusammen mit der Familie nach Hinweisen auf den Verunglückten. Schließlich fanden sie das Sterbebild von damals: „Zur frommen Erinnerung im hl. Gebet an den ehrengeachteten Jüngling Matthäus Freudling in Lugemanns, geboren am 26. August 1878, gestorben am 12. Februar 1920 in Lugemanns."

Im Stadtarchiv Kempten fand sich ein weiterer Beleg für das Unglück: Im *Allgäuer Tagblatt* war 1920 zu lesen, dass der „Feldzug-

Helmut Weber am erneuerten Wegkreuz.

steilnehmer von Lugemanns, Gemeinde St. Lorenz", auf dem katholischen Friedhof beerdigt wurde. „Der Verblichene ist im Alter von 42 Jahren unerwartet rasch den Seinen entrissen worden." Die Anteilnahme an einem Montagvormittag war wohl sehr groß und damals war es üblich, dass man den Sarg vom Wohnhaus zum Friedhof begleitete, in diesem Fall quer durch die Stadt, wie die Zeitung weiter berichtet: „Der Leichenzug ging vom Trauerhause in Lugemanns aus. An ihm beteiligten sich der Veteranenverein mit Fahne, die Feuerwehr und viele Leidtragende. Der amtierende Geistliche spendete den Hinterbliebenen warme Trostesworte."

Weber hat Wort gehalten, als er sich sagte: „Den Christus kannst du hier nicht so einfach hängen lassen". Seit dem Frühjahr 2022 steht ein neues Eichenkreuz mit Blechhaube am Lugemannsweg. Die Stufen zum Kreuz sind erneuert und das Gestrüpp entfernt worden. Den Korpus der Christusfigur ergänzte Holzbildhauer Matthias Buchenberg aus Vorderburg um einen Arm und einen Zehen. Das Gedenkkreuz wurde von Schreinermeister Bruckmeier aus Bucharts komplett erneuert. Richard Freudling sorgte mit ein paar Stufen vom Lugemannsweg zum Kreuz für ein sicheres Verweilen.

Für Helmut Weber, der sich seit vielen Jahren mit der Geschichte des Stadtteils Steufzgen beschäftigt, zählt der Standort des Kreuzes zwischen zwei großen Bäumen zu den schönsten Punkten in Kempten: „Das ist nicht nur ein guter Ort der Erinnerung an Matthäus Freudling. Von hier ist der Blick ins obere Illertal traumhaft."

Ralf Lienert

So geht's zum Wegkreuz:

Der Lugemannsweg beginnt in Steufzgen beim Hotel Waldhorn und führt Richtung Westen. Das Kreuz kommt nach gut zwei Kilometern auf der rechten Seite.

Ein Rundfries schließt das Mauerwerk des achteckigen Historismus-Turmes ab.

35

Wasserturm

Ein Speicher für alle Fälle

Mehr als 10.000 Fahrzeuge brausen täglich an ihm vorbei – viele stehen sogar in Sichtweite daneben, wenn der dichte Verkehr auf der Illerbrücke mal wieder ins Stocken gerät. Bestimmt kommt so mancher Autofahrer in solchen Momenten ins Grübeln, was es wohl auf sich hat mit dem grauen Riesen, der sich einen Steinwurf vom Schumacherring entfernt zwischen Bäumen und Büschen zu verstecken scheint. Das Alter des Turmes mit dem Blechdach ist auf Anhieb ebenso schwer einzuschätzen wie sein Erbauungszweck. Hat er möglicherweise etwas mit den Eisenbahnschienen zu tun, die bis ins frühe 20. Jahrhundert neben seinem Fuß vorbeiführten? Klar ist heute auf den ersten Blick nur eines: Das gute Stück hat schon etliche Jahre auf dem Buckel.

„Genau genommen sind es um die 120 Jahre", verrät Dieter Schade, früher stellvertretender Leiter des Wasserwirtschaftsamtes Kempten. „Der Turm wurde gegen 1900 im Historismus-Stil errichtet, und zwar als Wasserspeicher der Mechanischen Baumwollspinnerei und -weberei Kempten." Die ließ nördlich des achteckigen Turmes auf beiden Seiten der Iller seit 1852 hochindustriell Baumwollgarne und -gewebe fertigen. Zeitweise arbeiteten knapp 2000 Menschen in den vier- und siebenstöckigen Gebäuden, ehe die Textilfabrikation und weitere Nachfolgenutzungen 1991/92 wegen fehlender Wirtschaftlichkeit komplett eingestellt wurden. Zur wechselvollen Geschichte gehört auch, dass die Fabrikgebäude im Verlauf des Zweiten Weltkriegs (1939-1945) Rüstungsbetriebe beherbergten. Rund 500 Zwangsarbeiter mussten dort in einem Außenlager des KZ Dachau ab 1943 unter anderem Zubehör für Jagdflugzeuge herstellen.

Dieter Schade genießt die Sonne auf einer Bank neben dem historischen Wasserturm.

Dass die lang gezogenen Backsteinbauten im 19. Jahrhundert am Illerufer entstanden, hat laut Schade einen einfachen Grund: „Natürlich war die Nutzung der Wasserkraft für die Betreiber ein wichtiger Standortfaktor." So wurden dort früh Turbinen für Laufwasserkraftwerke eingebaut, um die Energie des Flusses für die Produktion einsetzen zu können. Die zwei Kraftwerke, die beidseitig der Iller an der Füssener Straße und der Keselstraße errichtet wurden, liefern nach grundlegender Erneuerung bis heute Strom.

Und welche Aufgabe hatte der Wasserturm? „Er sollte die Fabrik rund um die Uhr zuverlässig mit Brauchwasser versorgen. Damit dieses auch in den oberen Fabrikbereichen mit genug Druck ankam, wurde der Turm an der höchsten Stelle des Firmengeländes errichtet", erläutert Dieter Schade. So gelangte das wertvolle Nass, das mit Hilfe einer eigenen Versorgungsleitung von der Iller in den Turm gepumpt wurde, ins Leitungsnetz – allein durch das natürliche Gefälle. „Der Druckaufbau war auch der Grund für die typische Bauform der Wassertürme dieser Zeit“, weiß Schade. Die ausladenden Flüssigkeitskammern thronen oben auf dem Bauwerk wie auf einem umgedrehten Flaschenhals. Der tragende Stumpf dagegen ist eng tailliert. „Der Vorrat im Turm half außerdem, Verbrauchsspitzen abzudecken und im Falle eines Brandes sofort über genug Löschwasser zu verfügen“, ergänzt der Experte. Ähnlich verhielt es sich mit dem Jugendstil-Turm der Spinnerei und Weberei Kottern, die von 1847 bis Anfang der 1990er-Jahre illeraufwärts im Stadtteil St. Mang bestand. Auch dieser Turm ist denkmalgeschützt und bis heute komplett erhalten.

Sorgen macht Dieter Schade allerdings die Zukunft der funktionslos gewordenen Wassertürme, denn ihr Erhalt ist teuer und eine Nutzung (anders als bei den inzwischen zu Wohnungen umgebauten Fabrikgebäuden der Mechanischen Baumwollspinnerei und -weberei) nur schwer möglich. „Für den Turm am Schumacherring gab es sogar Überlegungen, ihn im Rahmen eines Iller-Erlebnisweges als Aussichtsturm zu nutzen. Leider wurde diese Idee nicht verwirklicht.“ So bleibt diesem Relikt der Kemptener Industriegeschichte nur, sich weiterhin gegen die Umklammerung nahestehender Bäume zu behaupten und vorbeifahrenden Autofahrern Rätsel aufzugeben.

Markus Raffler

So geht’s zum Wasserturm:

Das denkmalgeschützte Relikt der Industriezeit steht auf der nördlichen Seite des Schumacherrings, und zwar in Höhe der Einmündung der Füssener Straße. Auch die König-Ludwig-Brücke für Fußgänger und Radler führt direkt neben dem Turm über die Iller.

Brückenheilige

St. Lorenz und St. Mang sind wachsam

Stumm und starr sitzen St. Lorenz und St. Mang auf einer Bank am Ende der St.-Mang-Brücke und blicken streng den zahlreichen Fahrzeugen entgegen, die tagein tagaus an ihnen vorbei rollen. Der eine hält einen Stab in der Hand, der andere hat seine Füße auf einen Rost gestellt, aber warum? Und warum überhaupt diese beiden, wo doch gemeinhin der heilige Nepomuk (1350-1393) als Brückenheiliger gilt? Er war als Bestrafung von der Prager Karlsbrücke in die Moldau gestürzt und ertränkt worden.

Elke Diehl kennt die Geschichte des ungewöhnlichen Paares ebenso wie die der Brücke: „Die St.-Mang-Brücke ist der älteste Übergang über die Iller. 1340 wurde sie erstmals genannt und 1424 ist von einem Neubau die Rede", beginnt die Kemptenerin mit ihren Schilderungen.

Aus Akten des Stadtarchivs Kempten geht hervor, dass es in den Jahren 1847 und 1876 jeweils neue hölzerne Illerbrücken für den Verkehr gab. In einem kleinen Häuschen an der Brückenauffahrt kassierte ein Wächter von Fuhrwerkern und Kutschern einen Pflaster- und Brückenzoll. 1894 ersetzte eine imposante Bogenbrücke aus Stahl das bisherige Holzbauwerk. Am Ende des Zweiten Weltkriegs wollten deutsche Soldaten die Brücke vor den anrückenden US-Truppen sprengen. Doch beherzte Nachbarn retteten am 27. April 1945 diesen wichtigen Illerübergang vor der Zerstörung durch die Wehrmacht. „Sie verjagten die Soldaten, zogen die Zündschnüre aus den Ladungen und warfen die Sprengsätze in den Fluss. So konnte Kempten kampflos besetzt werden", erklärt Diehl.

Damals gab es noch keine Brückenheiligen. Aber dass es auf der St.-Mang-Brücke ausgerechnet St. Magnus und St. Lorenz sind, die im Jahr 1952 auf der Brücke Position bezogen, verwundert bei näherer Betrachtung nicht: „St. Magnus und St. Lorenz sind die Patrone der großen Kirchen in der Stadt Kempten. In der Reichsstadt wurde Mag-

Die beiden Brückenheiligen begleiten die Autofahrer seit 1952.

nus verehrt, weil er das Christentum im Allgäu verbreitete", erläutert Elke Diehl. Magnus war Benediktiner, von dessen Stab wohl eine besondere Wunderkraft ausging. „Im Allgäu kennt man ihn als Schutzpatron und Nothelfer gegen Mäuse-, Raupen- und Engerling-Plagen. Bei Ungezieferplagen wurde der Stab immer wieder angefordert. Allein seine Anwesenheit schien Wunder zu wirken," erklärt Elke Diehl und zeigt auf den Stab an der linken Brückenfigur. Und Lorenz? „Der ist seit über 1000 Jahren eng mit der Stadt verbunden. Das Kloster Kempten wurde 752 gegründet und die Kirche dem heiligen Laurentius von Rom geweiht", fährt die stadtkundige Kemptenerin mit ihren Schilderungen fort. Obendrein ist Laurentius der Schutzpatron vieler Berufsgruppen, die mit offenem Feuer zu tun haben – Bäcker, Bierbrauer oder Köche. Seine Hinrichtung erfolgte auf einem glühenden Eisenrost. Daher die entsprechende Darstellung mit Rost auf der Brücke. Übrigens: „Einen Nepomuk gibt es in Kempten auch, der steht allerdings an der Brücke über die Rottach an der Memminger Straße", weiß Diehl. Er war unter anderem Schutzpatron der Flößer.

Elke Diehl mit den beiden Brückenheiligen am Ostufer der Iller.

Die Kemptener brauchten wenige Jahre nach Kriegsende eine neue Brücke, weil die alte Stahlkonstruktion für den wachsenden Verkehr nicht mehr ausreichte und insbesondere zu schmal war. „Am 12. Mai 1950 beschloss der Stadtrat unter Oberbürgermeister Dr. Georg Volkhardt (1885-1953) den Neubau, drei Monate später begannen die Arbeiten durch das Bauunternehmen Alfred Kunz. Am 10. Mai 1951 folgte die Grundsteinlegung und am 8. August 1952 wurde der Übergang in Betrieb genommen", erzählt Diehl im Telegrammstil.

Am 17. August 1952 begrüßte Oberbürgermeister August Fischer (1901-1986) den bayerischen Ministerpräsidenten Wilhelm Hoegner (1887-1980). „Die Einweihung der Brücke verband Fischer mit der Eröffnung der 4. Allgäuer Festwoche", sagt Elke Diehl. „Die ersten, die über die Brücke durften, waren Kinder, deren Väter noch in russischer Gefangenschaft lebten oder vermisst waren."

„Die ersten, die über die Brücke durften, waren Kinder, deren Väter noch in russischer Gefangenschaft lebten oder vermisst waren."

Bei der Segnung kam es zu einem frühen Zeichen der Ökumene in Kempten. Der evangelische Dekan Hermann Kornacher (1886-1980) bezeichnete das neue Bauwerk als Symbol für das friedliche Zusammenleben der beiden Konfessionen in Kempten. Spontan erhob sich Abt Vitalis Maier (1912-1986) aus Ottobeuren und reichte ihm dankbar die Hand.

Bei einer Pontifikalmesse in der benachbarten Kirche Christi Himmelfahrt nannte Abt Vitalis Maier die Brücke „nicht bloß ein großes Werk der Technik und eine lobenswerte Maßnahme zur Arbeitsbeschaffung". In den Brückenheiligen St. Mang und St. Lorenz offenbare sich ein Symbol der Versöhnung unter den christlichen Kirchen.

Die Skulpturen der Heiligen Magnus und Lorenz sind ein Werk von Karl Hoefelmayr (1907-1989). Der gebürtige Kemptener stammte aus einer großbürgerlichen Familie. Als Unternehmer wirkte er von 1940 bis 1977 in dem von seinem Vater Kommerzienrat Karl Hoefelmayr (1867-1940) gegründeten Edelweiß-Milchwerk, bis 1969 als Geschäftsleitungsvorsitzender und danach bis 1977 als Aufsichtsratsvorsitzender.

Karl Hoefelmayr war mit Annelore Weixler (1916-1993) verheiratet und wohnte im Haubenschloß. Im Hoefelmayrpark standen damals zwei stattliche Häuser, die Weixler-Villa und die Hoefelmayr-Villa. Dort hatte der Künstler sein Atelier. Als Maler und Bildhauer hat es Hoefelmayr zu Ansehen gebracht. Obwohl Autodidakt, erhielt er eine Reihe öffentlicher Aufträge in Kempten (Brückenheilige und Äskulap am Klinikum), Augsburg (Turamichele am Perlachturm 1949) und Goldach/Schweiz (zwei Bodensee-Nixen 1985). Neben mehreren Werk-Präsentationen auf Ausstellungen gab es 1955 in der

Städtischen Galerie München im Lenbachhaus eine Hoefelmayr-Sonderausstellung. 1974 wurde er mit dem Allgäuer Kunstpreis geehrt.

Hoefelmayr war nicht nur Unternehmer und Künstler, er hatte auch seine dunkle Seite. In der NS-Zeit entwickelte er sich zu einem Künstler des Dritten Reichs. 1933 fertigte er eine Büste für Reichskanzler Adolf Hitler, die in der Württembergischen Metallwarenfabrik Geislingen in Bronze gegossen wurde. Diese wurde an Hitlers 44. Geburtstag in dessen Arbeitszimmer aufgestellt und hat nach einer Veröffentlichung „allgemein gut gefallen". Seine Statue Alkmene einer nackten Frau wurde 1939 bei der Großen Deutschen Kunstausstellung in München gezeigt. Diese Ausstellungen fanden achtmal von 1937 bis 1944 im eigens hierfür gebauten Haus der Deutschen Kunst in München statt. Sie waren repräsentativ für die Kunst im Nationalsozialismus. Am 3. August 1944 zerstörten alliierte Bomben die Hoefelmayr-Villa mit Atelier und 300 Kunstwerken.

Für Elke Diehl sind die beiden Brückenheiligen auch so etwas wie die Schutzheiligen gegen Hochwasser. Seit Jahrhunderten bedroht die reißende Iller immer wieder die Bewohnerinnen und Bewohner der Altstadt (siehe Geheimnis Hochwassermarken). Bis 1910 war die Stadt immer wieder bis zum St.-Mang-Platz überflutet. Erst ein konsequent ausgebauter Hochwasserschutz verhinderte in den Jahren 1999 und 2005 Schäden in der ehemaligen Reichsstadt: „Und oben auf der Schutzmauer sitzen St. Lorenz und St. Mang und passen auf, dass nichts passiert."

Ralf Lienert

So geht's zu den Brückenheiligen:

Die St.-Mang-Brücke verbindet die Burgstraße mit der Füssener und Kaufbeurer Straße.

Bruno Steinmetz kniet auf den mittelalterlichen Steinplatten, in direkter Nähe von Lorenz-Basilika und Residenz.

37

Steinplatten

Mittelalterliche Kanäle und ein Bürger im Kerker

Ein paar Steinplatten im Boden sind noch zu erkennen. Als fast 20 Meter langes Band laufen sie von den Geschäften am Ende des Hildegardplatzes weiter bis zum Beginn der Fahrbahn. Dort enden sie im Nichts. Der grau-braune Sandstein wird regelrecht verschluckt vom Granitpflaster der Umgebung, das sich hinüber zur Basilika St. Lorenz und zur Residenz zieht. Fußgänger, Radler und Autofahrer: Selbst an Markttagen bewegen sich die Menschen achtlos über die rätselhaften Relikte hinweg.

Dabei sind die sorgsam behauenen, etwa einen Meter breiten Platten ein historischer Hochkaräter, wie Kemptens einstiger Tiefbauamtschef Bruno Steinmetz versichert. Daran ändert es auch nichts, dass sie nicht mehr exakt an ihrem originalen Platz liegen, sondern bei der Neugestaltung des Hildegardplatzes leicht verschoben wurden.

Die wohl noch mittelalterlichen Abdeckplatten erinnern an die Zeit, als Wasser nicht nur als Lebensmittel ein kostbares Gut war, und von Reichsstadt und Fürststift mit großem Aufwand von den Hochlagen westlich von Kempten über eine Länge von 14 Kilometern ins Zentrum geleitet wurde (siehe Geheimnis 07).

Ab dem Bereich von Kornhaus und Hildegardplatz bahnte sich die vom Schlangenbach (auch Mühl- oder Stadtbach genannt) gespeisten Wasseradern ihren Weg weitgehend im Verborgenen. Verwinkelt, verästelt, versteckt liefen die teils bis heute erhaltenen Rinnen und Kanäle unter Straßen und Häusern hindurch. Allein zwischen Orangerie und Burghalde teilte sich der Bachlauf einst in fünf Arme auf – die Wände aus Naturstein, der Boden aus Holzplanken. Drei Arme durchquerten ab dem Mittelalter die Freie Reichsstadt, um Betriebe mit wertvoller Wasserkraft zu versorgen und lästige Abwässer aus der Stadt in die nahe Iller zu leiten. „Der Bachlauf ist auch der Grund, warum zwischen mehreren historischen Gebäuden im Bereich von Brandstatt und Rathausstraße eine schmale Baulücke blieb, obwohl die übrigen Häuser direkt aneinanderstoßen", verrät Steinmetz.

„Nur wenige wissen, dass die künstlichen Wasserläufe bis in die 1960er-Jahre hinein genutzt wurden", fährt der einstige Tiefbauamtschef fort. Das sogenannte Distriktsspital (später Kreiskrankenhaus) in der Memminger Straße etwa war lange Zeit für sein Waschhaus auf den Mühlbach angewiesen. Einer der größten Abnehmer des Fernwassers jedoch war der städtische Schlachthof am Pfeilergraben, der 1970 dem Bau des Kaufhauses Horten (heute Galeria Kaufhof) weichen musste. „Wenn geschlachtet wurde, war die Iller rot", war von alten Kemptenern noch lange zu hören.

Weit weniger blutrünstig ging es ein paar Meter weiter zu, wo ein kleiner Handwerksbetrieb am Beginn der Gerberstraße ein Wasserrad im Keller nutzte. An dieser Stelle steht heute die moderne Replik eines solchen Rades. Ein Wasserlauf erinnert im weiteren Verlauf der Gerberstraße an den historischen Bachlauf.

Hatten Reichsstadt und Fürststift beim Bau der gemeinsamen

Fernleitung trotz mancher Händel noch weitgehend an einem Strang gezogen, so entwickelte sich die Wasserversorgung im Lauf der Jahrhunderte zum Quell nicht versiegender Streitigkeiten. „Die füllten Berge von Akten und beschäftigten immer wieder die höchsten Reichsgerichte. Erst 1735 sorgte ein Vergleich für klare Verhältnisse: Das Stift durfte fünf Neuntel, die Reichsstadt vier Neuntel des Brauchwassers nutzen", berichtet Bruno Steinmetz.

Doch auch um das Trinkwasser, das die beiden Nachbarn über teils gemeinsam genutzte Holzdeicheln in ihre Territorien leiteten, wurde erbittert gestritten. Das Stift schreckte dabei nicht einmal davor zurück, den Brunnenmeister und Bürger der Reichsstadt, Johannes Dannheimer, wegen angeblicher Verunreinigung des stiftischen Trinkwassers zu inhaftieren. In einer Klageschrift der Reichsstadt von 1707 ist zu lesen, dass das Stift den Brunnenmeister „ohnversehner dingen beygefangen, und denselben gleich als einen Mißethäter, in die ärgste Gefängnus, und das so genandte Hexenhaus geleget" habe.

„Die füllten Berge von Akten und beschäftigten immer wieder die höchsten Reichsgerichte."

Jahre später klagte Fürstabt Rupert von Bodman (1678-1728) wiederum gegen die Reichsstadt, weil die das Wasser des Stiftes mehrfach mit Fäkalien verschmutzt habe. Als Beweis wurde dem Reichsgericht ein Büschel kotverklebter Haare übersandt, das angeblich am Zufluss der Residenz aus der Leitung gefischt wurde. Ein ekliger Gedanke!

Markus Raffler

So geht's zu den Steinplatten:

Die Abdeckung der einstigen Wasserversorgung findet sich vor der Häuserreihe, die das westliche Ende des Hildegardplatzes begrenzt.

38

Metallband

Trinkgelage im Beinhaus

Zimperlich waren sie im 16. Jahrhundert nicht gerade, die Kemptener Stadtväter. Es waren ja auch raue, kriegerische Zeiten. Erst recht ab 1527, als sich die Reichsstadt der Reformation anschloss und damit die Dauerfehde mit dem katholischen Fürststift zusätzlich anheizte. Und trotzdem: Darf in einer Friedhofskapelle fässerweise Wein gezecht werden, und das auch noch von ehrwürdigen Stadträten? „Auch wenn uns diese Vorstellung heute schwerfällt. Aber genau das ist damals passiert", sagt Silvia Damiani-Huber.

Die Stadtführerin steht auf dem schmalen Metallband, das die Umrisse der einstigen Michaelskapelle auf dem St.-Mang-Platz abbildet – das 1857 abgebrochene Gotteshaus war etwa 20 Meter lang, hatte zwei winzige Glockentürmchen und war innen mit kunstvollen Fresken geschmückt. „Diese Kirche, die streng genommen aus zwei Kapellen übereinander bestand, hat eine wirklich spannende Geschichte", berichtet Silvia Damiani-Huber. Die beginnt im 13. Jahrhundert, als die Reichsstadt ihren Friedhof neben der in dieser Zeit noch romanischen St.-Mang-Kirche vergrößerte. „Damals baute man St. Michael als sogenannte Karnerkapelle. Das bedeutet, in der Friedhofskapelle oben wurden Messfeiern gehalten. Und unten wurden die Gebeine aufbewahrt, die zum Vorschein kamen, wenn neue Gräber ausgehoben wurden." Die Kapelle stand laut alter Überlieferung nur einen Steinwurf von der 1296 gepflanzten und 1535 gefällten Gerichtslinde entfernt, unter der sich jahrhundertelang kleine Sünder und größere Missetäter verantworten mussten.

Der Gottesacker selbst war vermutlich im frühen Mittelalter (Mitte des 6. Jahrhunderts bis ca. 1050) angelegt worden. „Bei Ausgrabungen kamen über 500 Gebeine ans Tageslicht. Das älteste Grab stammt aus dem 7. Jahrhundert", erläutert die Geschichtskennerin. Archäologen untersuchten die Bestattungen genau und fanden Span-

Silvia Damiani-Huber neben dem im Boden eingelassenen Metallband.
Es zeigt die Umrisse der geheimnisvollen Michaelskapelle

nendes heraus. Etliche Skelette ließen auf einen gewaltsamen Tod schließen, sagt die Stadtführerin: „Sie waren teilweise übel zugerichtet. Beispielsweise fand man Totenköpfe mit einer Kerbe im Schädel." Andere Skelette hatten poröse Knochen, was auf Mangelernährung schließen lässt. Bei wieder anderen Gebeinen habe man Geschwüre und ansteckende Krankheiten nachgewiesen.

Nach einem Brand und dem Wiederaufbau im 14. Jahrhundert wurde das Untergeschoss der Michaelskapelle dem Heiligen Erasmus von Antiochia (um 240-303) geweiht. „Zutritt zum Beinhaus hatten nur Pfarrer und Totengräber", sagt Silvia Damiani-Huber – und verrät gleich noch eine historische Besonderheit: „Die Knochen dort wurden äußerst sorgsam aufeinandergestapelt. Denn die Vorstellung damals lautete: Wenn eines Tages die Posaunen blasen zum jüngsten Gericht, dann muss jeder perfekt vor Gott erscheinen. Es war also extrem wichtig für die Toten, auf die Schnelle alle ihre Knochen zu finden."

Wenige Meter weiter, direkt an der Kirchenmauer von St. Mang, wurde im Erdreich eine weitere Besonderheit entdeckt: „Dort lagen etliche Säuglingsskelette. Vermutlich waren das ungetaufte Neugeborene, die man möglichst eng an die Kirche gebettet hat", erzählt die Stadtführerin. „Je näher an der Kirche, desto näher bei Gott", so lautete nach Schilderung von Damiani-Huber damals die Vorstellung. „So sollte verhindert werden, dass ungetaufte Kinder für immer in der Vorhölle schmoren müssen." Daher rühre auch der Begriff Trauftaufe: Regenwasser vom Kirchendach sollte die Taufe zumindest ansatzweise ersetzen. „Das dürfte den Angehörigen damals zumindest ein bisschen Trost gespendet haben", glaubt Silvia Damiani-Huber.

Doch zurück zur Michaelskapelle: Wie kam es denn nun zu den Trinkgelagen im Beinhaus? „Der Friedhof wurde ab 1535 an den Fuß der Burghalde verlegt, die Kapelle verlor also ihren eigentlichen Zweck." 1557 kamen die übereinanderliegenden Kapellen, die bis dato zum Fürstbistum Augsburg gehörten, in den Besitz der Reichsstadt. „Und die ließ beide umgehend profanieren, also entweihen", erläutert die Stadtführerin. Im oberen Geschoss wurde das Leinwandschauhaus eingerichtet, in dem die Qualität der Stoffe geprüft wurde. „Und im Untergeschoss ließ sich der Stadtrat einen Weinkeller samt Trinkstube einbauen. Damit dort auch große Weinfässer gelagert werden konnten, ließ man extra die Steingewände am Eingang verbreitern", sagt Silvia Damiani-Huber. Stadtchronist Philipp Jakob Karrer berichtete im Jahr 1828: „Auch ist auf dem Kirchhofe die St. Michaelis-Kapelle, die einen Altar und eine Gruft hatte, ist aber 1557 in ein Leinwandschauhaus für die Weber und Färber, und die Gruft in einen Stadt-Weinkeller verwandelt worden, nachdem man vorher die Todtengebeine weggeschafft hat; jetzt ists die Schmalz- und Victualien-Wage. Im Jahr 1664 wurde ein Zimmer für den geheimen Rath erbauet, der sich an den Sonntagen und Donnerstagen nach der Frühpredigt daselbst versammelte."

Ebenso respektlos wie die Entweihung der gotischen Doppelkapelle ist deren Ende im Jahr 1857: Das baufällige Kirchlein wurde schonungslos abgerissen, das Gewölbe der darunterliegenden Erasmuskapelle eingeschlagen und mit Schutt verfüllt. Während des Zweiten Weltkriegs durchbrach man die Westmauer der Kapelle kurzerhand zum Bau eines Bunkers samt Schützengraben. Bei der Neugestaltung des St.-Mang-Platzes 2008 wurde das unterirdische Gewölbe schließlich vom Schutt befreit und archäologisch untersucht. Seitdem ist es im Rahmen von Führungen zu besichtigen.

Markus Raffler

So geht's zum Metallband:

Die Umrisse der Michaelskapelle sind mitten auf dem St.-Mang-Platz in der Kemptener Altstadt zu finden. Direkt daneben befindet sich der markante Jugendstil-Brunnen von Georg Wrba aus dem Jahr 1905.

1939-1945
VAUDE

39

Obelisk

Treffpunkt mit Panoramatafel

Für Eugen Ehlers ist der Audogarplatz am Kemptener Schellenberg ein magischer Ort. Hier verbrachte er nicht nur einen Teil seiner Kindheit und Jugend, an den Platz hoch über Kempten führt er immer wieder ausgesuchte Gäste: „Der Blick auf die Allgäuer Alpen ist einfach unvergleichlich. Wenn ich den Grünten sehe, bin ich einfach daheim.“ An diesem besonderen Ort steht seit 1930 ein hoher Obelisk aus Stein – und der hat auch eine dunkle Seite.

Der Audogarplatz – ¬benannt nach dem Gründer und ersten Abt des Kemptener Klosters – ist zu einem Treffpunkt der Generationen geworden. Im Winter rodeln Jung und Alt den Hang hinunter oder unternehmen erste Abfahrtsversuche auf Skiern. Senioren erinnern sich an die Funkenfeuer längst vergangener Tage und die duftenden Funkenküchle der Heimatdichterin Else Eberhard-Schobacher (1887-1955). Im Frühling flanieren verliebte Paare unter blühenden Apfelbäumen durch den Park vor dem Jägerdenkmal und küssen sich auf der Löwenzahnwiese. Die Senioren genießen derweil bei Fönwetter den Blick auf die schneebedeckten Berggipfel von der Zugspitze über Hochvogel und Grünten bis zur Mädelegabel. Im Sommer ist der ganze Park erfüllt von Kinderlachen, Familien, die mit ihren Hunden umhertollen und Aktivsenioren, die sich im Schatten der Kastanien-Allee am Audogarplatz treffen. Ein eigentlich sehr friedlicher Platz, doch wenn im Herbst die Blätter fallen und die Bäume ihre kahlen Äste in den grauen Novemberhimmel strecken, wird das Jägerdenkmal zum Ort der Mahnung: Am Volkstrauertag treffen sich Politik, Militär und Gesellschaft und warnen vor den Folgen von Hass, Ausgrenzung, Krieg, Flucht und Vertreibung. Eugen Ehlers kennt die Geheimnisse des Schellenbergs: „Das war einst der Kugelfang für die Schießanlage der königlich-privilegierten Feuerschützengesellschaft. Das Schützenheim befand sich dort, wo heute die Haubenschloßschule steht. Von

Eugen Ehlers an der Panoramatafel vor dem Jägerdenkmal.

dort aus wurden die Gewehre Richtung Süden abgefeuert. Die Kugeln verschwanden in großen Erdwällen." Für Ehlers und seine Spielkameraden war das eine willkommene Einnahmequelle: „Als Buben haben wir die Geschosse aus dem Erdreich gekratzt und sie dann verkauft." Der Alteisenhändler Wolf hatte sein Geschäft unterhalb der Klosterkirche St. Anton und war eine beliebte Adresse, um das Taschengeld der Haubenschloß-Pimpfe aufzubessern. „Ein Fuffzgerle war in meiner Jugend viel Wert", sagt der vitale Ehlers.

1925 kam die Vereinigung ehemaliger Einser-Jäger von Kempten und Umgebung auf die Idee, am höchsten Punkt ein Denkmal zu errichten. Es sollte an das Königlich Bayerische 1. Jägerbataillon „König", aber zugleich an die Gefallenen des Ersten Weltkrieges erinnern. Der Architekt und frühere Angehörige im Kemptener Jägerbataillon Ambros Madlener (1869-1956) war verantwortlich für Entwurf und Realisierung des Mahnmals. Er entschied sich für einen schlanken Obelisken, auf dem ein Eisernes Kreuz ruht. Am 20. Juli 1930 wurde das Mahnmal im Beisein von Kronprinz Rupprecht von Bayern (1869-1955) feierlich eingeweiht.

Die Säule am Lukas-Mayr-Platz in Kottern.

Ehlers kennt auch das dunkelste Geheimnis des Schellenbergs. „Die Zeit des Nationalsozialismus ging nicht spurlos am Haubenschloßgebiet vorbei", schrieb Sabine Gärtner, Abiturientin am Allgäu-Gymnasium, 1993 in ihrer Facharbeit über das Haubenschloß. Am 24. März 1933 wurde der Aussichtsplatz auf dem Schellenberg zum Adolf-Hitler-Platz, die Wege dorthin nach Horst Wessel (1907-1930) und Leo Schlageter (1894-1923) benannt und neben dem

Denkmal ein „Fünf-Eichen-Ring“ gepflanzt, in Erinnerung an Reichspräsident Paul von Hindenburg (1847-1934), Reichskanzler Adolf Hitler (1889-1945), Reichsstatthalter Franz Ritter von Epp (1868-1947), Ministerpräsident Ludwig Siebert (1874-1942) und Staatsminister Hermann Esser (1900-1981). Damit wurde der Schellenberg zu einem Mittelpunkt der NS-Zeit in Kempten. „Von all diesen Orten aus der Zeit des Nationalsozialismus findet sich heute kaum noch eine Spur. Sie wurden alle nach 1945 schleunigst wieder beseitigt oder umbenannt“, schreibt Sabine Gärtner. Der Stadtrat machte aus dem Adolf-Hitler-Platz den Audogarplatz und ersetzte die Schilder für Leo Schlageter und Horst Wessel durch Alemannenweg und Estionenweg.

Eugen Ehlers hatte vor dem Jägerdenkmal schon als Jugendlicher Respekt: „Nach dem Krieg war das ein vergessener Platz und das Denkmal wurde langsam von hohen Bäumen verschluckt.“ Später gab es dort erste Gedenkfeiern zum Volkstrauertag und an Fronleichnam bauten die Katholiken aus dem Haubenschloßviertel dort einen Altar samt Blumenteppich auf. Jahrzehntelang war Ehlers bei den Prozessionen dabei und trug zusammen mit drei anderen Freiwilligen den Stoffhimmel für Pater Odilo (1904-1978) und Pater Konrad (1932-2017), beide langjährige Vorsteher des Klosters St. Anton.

Der Schellenberg ist zum Lieblingsplatz von Eugen Ehlers geworden. Als Ehrenmitglied in der Alpenvereinssektion Allgäu-Kempten kennt er die Berge wie seine Westentasche. Mit dieser Erfahrung hat der gelernte Malermeister eine Panoramatafel beschriftet, die seit 2016 am Audogarplatz steht. Diesen Platz hat er so sehr ins Herz geschlossen, dass er sagt: „Mein letzter Gang soll hierher führen, dann möchte ich nur noch einmal den Grünten sehen.“

Ralf Lienert

So geht's zum Obelisk:

Das Denkmal liegt südlich des Allgäu-Gymnasiums am Audogarplatz.

Das Lochtörle ist Kemptens einziges erhaltenes Original-Stadttor. Das nahe Illertor ist ebenso wie das Waisentor in der Burgstraße ein Nachbau des 20. Jahrhunderts.

40

Lochtörle

Wo wilde Männer Einlass fanden

Die Nachtschwärmer vergangener Jahrhunderte hatten es deutlich schwerer als unsereins. Denn wer Kempten zur Zeit der Freien Reichsstadt (also vom Mittelalter an bis ins Jahr 1802) bei Dunkelheit betreten oder verlassen wollte, der konnte das nur an besonderer Stelle und unter strenger Kontrolle tun – beispielsweise durch den engen Durchlass am heutigen Ankergässele. „Er wurde deshalb auch Lochtörle genannt", erzählt Dietmar Prokop. Der Architekt lebt mit seiner Frau über und neben dem kleinen Stadttor. Bei der Sanierung des Hauses hat er vor fast 30 Jahren selbst Regie geführt.

„Wer das Lochtörle nachts passieren wollte, der musste in diesem Gasthaus beim Wirt eine Einlassgebühr bezahlen", sagt Prokop und zeigt auf das Nachbarhaus mit den wuchtigen Eckquadern: „Hier war lange Zeit die Wirtschaft ‚Zum Wilden Mann'. Denn hier haben einst die Flößer gezecht und wohl auch eine Unterkunft für die Nacht bekommen." Dabei muss man wissen, dass die Iller erst nördlich der Kemptener Altstadt – genauer gesagt ab dem großen Wehr auf Höhe des Lochtörles – schiffbar war. Deshalb wurden dort die weiter im Süden gefällten Baumstämme zu Flößen gebunden. Von Kempten aus machten sich die urigen Gefährte mit den verschiedensten Waren auf bis zur Donaumündung in Ulm.

„Der Tatsache, dass hier in der Nähe Flöße und wohl auch immer wieder Boote festmachten, verdankt das Tor auch seinen ursprünglichen Namen Ankertörle", sagt Dietmar Prokop. Nur wenige Meter weiter nördlich, im einstigen Stadtstadel (einem Kontorgebäude), wurde bei Sanierungsarbeiten sogar eine mittelalterliche Pieranlage entdeckt. Das Haus wurde zudem lange Zeit als Mühle genutzt.

Auf dem Wehrgang des Loch- oder Ankertörles haben Dietmar Prokop und seine Frau Margarete einen lauschigen Balkon eingerichtet.

Wie in diesem Uferbereich laut Dietmar Prokop generell eine Vielzahl von Mühlen, Sägen und Stampfanlagen angesiedelt waren – allesamt angetrieben von der Wasserkraft der Iller. Doch auch anderes Handwerk war am Lochtörle daheim, nicht nur jene Betriebe, die der nahen Bäckerstraße ihren Namen gaben, wie der Architekt betont: „Bei der Sanierung des Nachbarhauses habe ich im Untergeschoss zwei Schmelzöfen entdeckt. Die wurden mit großer Sicherheit zur Eisenbearbeitung genutzt und lagen damals wegen der Brandgefahr außerhalb der Häuser."

Um diesen Teil der Altstadt vor Angriffen zu schützen, zog sich die ums Jahr 1300 errichtete Stadtmauer vom nahen Illertor die gesamte Illerstraße entlang in Richtung Nordosten. „Als die Mauer in späteren Jahrhunderten verteidigungstechnisch an Bedeutung verloren hatte, wurden Häuser direkt an das massive Mauerwerk angebaut. So kam es, dass der Wehrgang manchmal mitten durchs Wohnzimmer lief", erklärt Prokop. Zwei Schießscharten in seinem Wohnhaus erinnern an diese Besonderheit. Noch heute ist die Mauer in weiten Teilen erhalten und mit Unterbrechungen auch begehbar. Kurios ist schließlich die Entdeckung, die Architekt Dietmar Prokop bei der Sanierung seines Hauses im Keller machte: „Zwischen der Stadtmauer und einer ähnlich mächtigen zweiten Mauer verläuft ein gut 2,30 Meter breiter, oben gewölbter Gang. Er war zuvor verschüttet und musste erst mit viel Aufwand freigelegt werden." Prokop geht davon aus, dass dieser Korridor als durchgehender Versorgungsgang in kriegerischen Zeiten diente. Spuren davon wurden auch noch in weiteren Häusern entlang der Stadtmauer gefunden (etwa in der Illerstraße 3 und 15). In alten Aufzeichnungen ist der Gang allerdings nicht enthalten – er ist ein weiteres Rätsel des Mittelalters in Kempten.

Eine historische Tafel erinnert an die Namen des kleinen Tores.

Markus Raffler

So geht's zum Lochtörle:

Das Tor liegt am Ende des Ankergässeles inmitten der alten Stadtmauer und bildet den Durchgang von der nahen Bäckerstraße zur Illerstraße.

Gabi Fackler an der Arkadenwand aus dem 15. Jahrhundert.

41

Arkadenwand

Bemalte Mauer in einer Gartenoase

Die Reichsstadt Kempten war im Mittelalter ein Gewirr von Gassen, Häusern, Hinterhöfen und versteckten Gärten. Die Bürger lebten hinter hohen und dicken Stadtmauern, verdienten ihr Geld als Händler und Handwerker. „In den Reihen der Kaufleute gab es selbstbewusste und stolze Patrizier“, sagt Gabi Fackler. Die Wappen der wichtigsten Familien zieren bis heute das Rathaus: „Sie alle stellten mindestens einmal den Bürgermeister.“ Doch hinter hohen Hausmauern gab es blühende Gartenoasen. Eine davon war mit einer Arkadenwand umgeben, die vor einigen Jahren wieder entdeckt wurde.

Der Wohlstand der reichsstädtischen Familien zeigt sich bis heute in einer Reihe von Häusern, in denen kunstvolle Wandgemälde die Jahrhunderte überdauert haben. „Beispiele sind das Beginenhaus, das Schlößle an der Freitreppe, das Weidachschlößle und das Haus von

Matthäus Philipp Neubronner, ab 1778 Bürgermeister der Reichsstadt Kempten", holt die Mittelalter-Expertin aus. „In der 2000-jährigen Geschichte der Stadt stand zwar noch nie eine Frau an der Spitze, aber seine Frau Regina Rosina Neubronner war die heimliche Regentin der Reichsstadt", lacht Gabi Fackler. Die Portraits des wohlhabenden Paares hängen heute im Stadtmuseum.

Gleich neben den Resten der alten Stadtmauer an der Burgstraße liegt das Schwanengelände. „Das hat seinen Namen aus der Zeit, als die Gegend noch recht feucht war und hier Schwäne lebten." Daran erinnern bis heute die Hausnamen Schwanenmetzger und die Brauereigaststätte Zum Schwanen. „Bereits im 4. Jahrhundert siedelten dort Menschen", ist sich der langjährige Stadtarchäologe Dr. Gerhard Weber sicher. Später wurde die Reichsstadt mit einer Mauer umgeben. Versteckt hinter den Häusern an der Bäckerstraße wurde das Gelände um das Jahr 1500 langsam zu einer grünen Oase entwickelt. „Die Bevölkerung damals kann auf etwa 3.000 Bewohner veranschlagt werden. Damit zählte Kempten zu den kleineren Mittelstädten Oberschwabens", erklärt Gabi Fackler.

Zur Mode der wohlhabenden Menschen in Kempten gehörten vor 500 Jahren opulente Geldbörsen am Gürtel und Schnabelschuhe. „Die Spitze der Schuhe erstreckte sich so weit über den Fuß hinaus, dass sie eine Füllung aus Heu, Moos oder Wolle erforderte, um sie in Form zu halten", erklärt die Stadtführerin. Vermutlich sind die Mitglieder der Kemptener Oberschicht damals auch über das Schwanengelände flaniert. Einen Eindruck über den besonderen Stand der Bewohner überliefert die Kemptener Arkadenwand aus dem späten 15. Jahrhundert. „Das war die Gartenbegrenzung eines Bürgerhauses mit reichlich Wandmalereien", unterstreicht Gabi Fackler die Bedeutung des Mauerwerks mit Ornamenten, Ranken und Blumen.

1527 wurde die Reichsstadt protestantisch, danach setzte eine starke Zuwanderung ein und um 1620 lebten 6.000 Einwohner innerhalb der Stadtmauern. Seuchen und die Zerstörungen des Dreißigjährigen Krieges dezimierten die Bevölkerung innerhalb von 15 Jahren auf nur mehr 1.000 Personen. Die grüne Oase mit ihrer Arkadenwand geriet in Vergessenheit, wurde schließlich im 17. Jahrhundert überbaut. 1695 eröffnete Johann Pfeiffer den Gasthof Zum Schwanen mit einer Brauerei und Branntweinbrennerei. „Mehr als 200 Jahre wurde dort gebraut“, weiß die Stadtführerin. 1908 wurde die Brauerei stillgelegt, das Gasthaus machte 1967 dicht. Danach öffnete die Pilsbar Nest für etliche Jahre ihre Pforten.

Bei der Entwicklung des Schwanengeländes Ende des 20. Jahrhunderts gab es 1989 eine faustdicke Überraschung. Als ein Stadel im hinteren Teil des Areals abgebrochen wurde, kam die vergessene Arkadenmauer ans Tageslicht und das Landesdenkmalamt machte sofort klar: Der historische Mauerfund muss erhalten bleiben. Im Umfeld stießen die Archäologen 1996/97 auf Zeugnisse der Kemptener Geschichte: Schmuck und Münzen aus der Antike, Schlacken und Ofenreste einer Schmiedewerkstatt aus dem Mittelalter. Sehr zur Freude der Historiker, die damit die Stadtgeschichte zurückverfolgen und belegen können. Weitere Grabungen 2002/03 und 2007 brachten einen Mühlenstein, Silberschmuck und Überreste von 100 Prunkgläsern aus dem Mittelalter zutage. „Nuppenbecher, Stangengläser und sogar ein Flügelkelch venezianischer Art waren dabei“, schwärmt die Stadthistorikerin Birgit Kata.

Doch die Mauer, immerhin 14 Meter lang und tonnenschwer, stand dem Bau einer Tiefgarage im Weg. Also wurden die Arkaden sorgfältig eingepackt und gingen erst einmal auf Reisen. Anschließend schwebte die Arkadenwand mit ihren vier Bögen zurück und wurde in den Durchgang zwischen dem Bürogebäude und dem St.-Mang-Platz integriert. Unzählige Autos fahren täglich durch die Burgstraße, vorbei am Schwanengelände. Doch wenn Gabi Fackler ihre Gäste zur Arkadenwand aus dem 15. Jahrhundert führt, hört sie meist den Satz: „Die Mauer ist mir noch nie aufgefallen.“

Ralf Lienert

So geht's zur Arkadenwand:

Die Wand ist eingebaut in den Durchgang von der Burgstraße 18 zum St.-Mang-Platz.

1
gross. Kornhaus

Wappen

Stiftische Wohltäterin mit Heiligenstatus

Egal, wer dieses imposante Gebäude in den vergangenen 320 Jahren betreten hat: Die Adlige mit dem wallenden Haar und der auffälligen Krone hatte alle Besucher fest im Blick. Als farbiges Barockwappen, das die Hofstuckateure des Fürststiftes Kempten zusätzlich mit Schwert und üppigen Ornamenten umrahmt haben, prangt die Figur über dem Portal des Kornhauses. Man kann sich denken, dass die erhabene Dame, noch dazu in einer Ära extremer männlicher Dominanz, einst eine herausragende Rolle gespielt haben muss.

„Das kann man wohl sagen", bestätigt Stadtführer Ulf Kronmüller. „Das Wappen zeigt Königin Hildegard, die in der Geschichtsschreibung als dritte Gemahlin Karls des Großen gilt." Dass die wegen ihrer Mildtätigkeit wie eine Heilige verehrte Monarchin (um 758-783) an dem repräsentativen Gebäude verewigt wurde, hat einen einfachen Grund: Sie gilt als Stifterin und besondere Gönnerin des im Jahr 752 gegründeten Benediktinerklosters Kempten. Deshalb führte das Fürststift Hildegard auch seit dem hohen Mittelalter in seinem rotblauen Wappen. Schließlich sollte die Ehefrau von Karl dem Großen (747 oder 748-814), König der Franken und ab dem Jahr 800 Kaiser des Heiligen Römischen Reiches, die herausragende Stellung des Fürststiftes als eines der drei unabhängigen Reichsklöster belegen.

„Die Fürstäbte haben sich in ihrem Selbstverständnis vorrangig als Fürsten gesehen", erläutert Ulf Kronmüller. Entsprechend stolz waren sie darauf, den Titel „Erzmarschall der Kaiserin des Heiligen Römischen Reiches" tragen zu dürfen. Dieser weltliche Anspruch wurde dadurch gestützt, dass der Konvent des nach der Säkularisation 1802 aufgelösten Klosters jahrhundertelang ausschließlich Adligen vorbehalten war.

Wegen ihrer engen Verbundenheit zu Kempten war Hildegard 774 angeblich bei der Weihe des ersten Klosterbaus aus Stein dabei. In der

Das Wappen der Klosterstifterin Hildegard am Kornhaus ist aufwendig gearbeitet.

Folge ließ sie nicht nur wertvolle Reliquien aus Rom nach Kempten bringen, sondern stiftete laut einer undatierten Chronik im Stiftsgebiet „mehr Kirchen als das ABC Buchstaben hat". Dass diese mittelalterlichen Heldensagen mit Vorsicht zu genießen sind, liegt Kronmüller zufolge auf der Hand. „Denn so manche Urkunde wurde damals gefälscht" – beispielsweise jenes Dokument aus dem 12. Jahrhundert, das behauptet, die nachweislich im französischen Metz begrabene Hildegard sei in Kempten bestattet worden.

Selbst nach der Zerstörung des mittelalterlichen Klosters und damit auch des angeblichen Hildegardis-Grabes im Dreißigjährigen Krieg (1618-1648) ging der Kult weiter: In einem Innenhof der ab 1651 errichteten Residenz legten die Fürstäbte eine eigene Kapelle für die Stifterin an. Der einstige Wallfahrtsort ist heute allerdings verschwunden: „Die Kapelle wurde kurz nach 1800 an einen Privatmann verkauft und abgetragen", berichtet Ulf Kronmüller.

Das im Jahr 1700 bezogene Kornhaus wurde unter Fürstabt Rupert von Bodman (1678-1728) erbaut – sein Wappen prangt daher ebenfalls über dem Portal. Bodman war nicht nur der am längsten amtierende Fürstabt in der Kemptener Geschichte – er mischte auch in der europäischen Politik mit: Der vom Bodensee stammende Adlige gilt als Mitbegründer des Fürstentums Liechtenstein. Und als kaiserlicher Kommissär und Finanzexperte wurde er 1681 in die vorarlbergische Grafschaft Hohenems gesandt, um die dortigen Hexenprozesse zu beenden und die Finanzen neu zu ordnen.

Stadtführer Ulf Kronmüller neben dem Wappen der legendären Gründerin des Stiftes Kempten.

Kein Wunder, dass er auch in Kempten Großes vorhatte. „Bodmans Ziel war es, die Stiftsstadt noch repräsentativer auszubauen", erläutert Kronmüller. So sollte das bis heute erhaltene Ensemble von Kornhaus, Brauhaus, Marstall und

Stiftsmälzerei um einen repräsentativen Ökonomiebau mit drei Innenhöfen ergänzt werden. „Diese Pläne musste er jedoch aus Geldmangel aufgeben", ergänzt der Stadtführer. War das Stift doch nach dem Bau von Basilika und Residenz enorm verschuldet. Der Kornhandel sollte helfen, die Kassen aufzubessern. Zudem wurde das Kornhaus als Markthalle genutzt. „Das Tragen von Waffen war dort übrigens verboten, ebenso der Genuss von Kaffee", erzählt Ulf Kronmüller schmunzelnd.

Nach Auflösung des Stifts ging der Barockbau mit den markanten Volutengiebeln erst in den Besitz des Königreichs Bayern, ab 1872 dann ins Eigentum der Stadt Kempten über. Die nutzte das heutige Veranstaltungsdomizil bis ums Jahr 1900 als zweiten Getreidespeicher – neben der Schranne im Rathaus. Bis 1998 wurde in den urigen Gewölben der winterliche Wochenmarkt abgehalten. Zeitweise hatte dort zudem die Süddeutsche Butter- und Käsebörse ihren Sitz.

Und Hildegard? Die Stifterin des Klosters sollte nach der Zusammenlegung der beiden Kemptener Städte einen Teil des gemeinsamen Wappens schmücken – neben dem halben Adler, der für die ehemalige Reichsstadt steht. „Doch das Ansinnen scheiterte am Veto der bayerischen Regierung. Denn die wollte dem Stift diese Würdigung aus generellem Vorbehalt gegen die Kirche nicht zugestehen", erklärt Kronmüller. So ziert seit dem frühen 19. Jahrhundert ein Turm als Sinnbild der Burghalde die rechte Wappenhälfte. Ironie der Geschichte: Ausgerechnet von hier aus hatte ein Vogt des Fürstabtes bis zum späten 14. Jahrhundert über die Reichsstadt geboten.

Markus Raffler

So geht's zum Wappen:

Das Konterfei der Gemahlin Karls des Großen findet sich über dem mittig gelegenen Hauptportal des Kornhauses. Dieses steht am Kleinen Kornhausplatz.

Grabmal für den Komponisten Gerhard Winkler und seine Frau Traudl auf dem Zentralfriedhof Kempten.

43

Grabstein

Die Noten der Capri-Fischer

Ein großes steinernes Kreuz mit einem schmiedeeisernen Violinschlüssel in der Mitte und zwei Notenzeilen, die sich längs und quer über den Stein ziehen. Das ist einer der ungewöhnlichsten Grabsteine der Stadt, der auf dem Kemptener Zentralfriedhof steht. Einer, der das Geheimnis dieses Grabmals kennt, ist Franz Abele aus Atzenried bei Heiligkreuz. Seit über 30 Jahren erforscht er die Geschichte der ehemaligen Gemeinde St. Lorenz und weiß auch, wem das Grabkreuz gewidmet ist: „Dem Komponisten der ‚Capri-Fischer'".

Abele weiß noch genau, welch internationaler Glanz 1976 in seiner Nachbarschaft einzog: „Das war der Komponist Gerhard Winkler. Er schrieb über 1.200 Schlager, vier Operetten und 18 Film-Musiken." Abele ist Mitglied im ortsgeschichtlichen Arbeitskreis Heiligkreuz und hatte gemeinsam mit seinem Kollegen Rudolf Geiss (1941-2006) wiederholt Kontakt zu dem gebürtigen Berliner und kennt dessen Karriere: Im Oktober 1920 begann Gerhard Winkler seine Lehre im Musikverlag Robert Rühle und studierte ab 1922 im Engler'schen Konservatorium Klavier, Violine, Musiktheorie und Komposition. In den goldenen Zwanzigern trat Winkler als Ensemblepianist auf und wirkte ab 1936 als Salon-, Schlager- und Filmkomponist. Unsterblichkeit erlangte Winkler mit dem 1943 entstandenen Lied „Capri-Fischer". Der Text stammt von Ralph Maria Siegel (1911-1972), dem Vater des Komponisten Ralph Siegel, welcher 2021 im Allgäu durch die Welturaufführung des Musicals „Zeppelin" für Schlagzeilen sorgte. Aus seiner Feder stammen Lieder wie „Fiesta Mexicana", „Du kannst nicht immer 17 sein" oder „Ein bißchen Frieden".

Die Textzeile *Wenn bei Capri die rote Sonne im Meer versinkt!* war 1943 verboten, denn die US-Soldaten waren zu diesem Zeitpunkt auf Capri gelandet und schickten sich an, die deutsche Wehrmacht aus Italien zu vertreiben. Nach dem Zweiten Weltkrieg wurden die „Capri Fischer" zur Hymne des Wirtschaftswunders. „Zwischen Mai 1945 und Juni 1946 erlebte das Lied weit über 12.000 Live-Aufführungen und entwickelte sich zum Welterfolg", fand Geiss heraus. Wie kein anderer Song symbolisierte es damals die Sehnsucht der Deutschen nach Sonne, Strand und Meer. Bis heute wird der Evergreen von zahlreichen Künstlern und Ensembles, beispielsweise von Sänger Max Raabe und seinem Palast-Orchester, interpretiert.

Abele kennt auf Anhieb eine ganze Reihe weiterer Stücke des bekannten Nachbarn: „O mia bella Napoli" (1936), das „Chiantilied", (1940), „Schütt die Sorgen in ein Gläschen Wein" (1952), „Frühling in Sorrent", „Zwei Spuren im Schnee" oder „Schützenliesel".

„Gerhard Winkler kam im Februar 1976 ins Allgäu. In Bremberg bei Heiligkreuz erwarb er ein ehemaliges Bauernhaus und baute es als Ferienwohnsitz aus", erklärt Abele. Und wie war er gerade in diesen hintersten Winkel der Stadt Kempten, direkt an der Grenze zur Nachbargemeinde Krugzell gekommen? Winkler wohnte damals in Zollikon bei Zürich, seine Kinder in Stuttgart und München. „Er nahm einen Zirkel, zog einen Kreis um die Orte und in der Mitte war Bremberg", erzählt Abele. Das Bauernhaus ist bis heute ein idyllischer Ort – weit weg vom Großstadttrubel – inmitten von saftigen Wiesen und

Allgäuer Kühen. Eine schmale Straße führt zum Anwesen, in dem Winkler gerne seine Familie versammelte. Doch das Glück im Allgäu war nur von kurzer Dauer. An den Rollstuhl gefesselt verbrachte er dort seine letzten Monate. Kurz vor seinem 71. Geburtstag verstarb er nach zwei schweren Lungenentzündungen im September 1977.

Gerhard Winkler wurde in Kempten unter großer Anteilnahme seiner Freunde – darunter Kammersänger Rudolf Schock – beigesetzt. Der Rundfunk- und Schallplattentenor Kurt Reimann sang in der Aussegnungshalle bekannte Werke des Komponisten. Winkler gilt als einer der Väter des deutschen Reiseschlagers und war mehrfach ausgezeichnet worden: 1957 hatte er den Paul-Lincke-Ring erhalten, 1966 das Bundesverdienstkreuz und 1976 die Silbermedaille der Kulturabteilung des italienischen Außenministeriums. Seine Witwe Maria (Traudl) Winkler (1922-2012) nahm 1996 die posthum für sein Lebenswerk verliehene Goldene Stimmgabel von der deutschen Musikbranche entgegen. Maria Winkler wurde ebenfalls auf dem Zentralfriedhof beigesetzt. 1981 gestaltete die Stadtkapelle zu Ehren Winklers ein Konzert mit „immergrünen Melodien" im Kornhaus und 1991 ein Geburtstagskonzert im Stadttheater. Auf der Jakobswiese im Westen der Stadt erinnert seit 2001 ein Weg an Deutschlands Hitschreiber Nummer Eins. „Berliner Schlagerkomponist mit Welterfolg" heißt es auf dem Straßenschild. Tatsächlich wurde er weit über die heimatlichen Grenzen hinaus berühmt und feierte Erfolge auch in den USA.

Und was bedeuten die Zeilen auf seinem Grabstein? Das sind Noten von zweien seiner schönsten Lieder: „Glaube mir" und „O mia bella Napoli".

Ralf Lienert

So geht's zum Grabstein:

Von der Rottachstraße aus durch den westlichen Eingang des Zentralfriedhofs. Nach etwa 100 Metern liegt das Grab linker Hand in einer Wiese.

Roger Mayrock steht vor dem Turmrest, der zur hochmittelalterlichen Burg auf der Burghalde gehörte.

44

Turmrest

Als Bürger die Burg der Fürstäbte überfielen

Bei der Kemptener Burghalde von einem verschwundenen Turm zu sprechen, wirkt auf den ersten Blick sonderbar. Reckt sich doch an der nördlichen Ecke der weitläufigen Anlage eines der Kemptener Wahrzeichen in den Himmel: Der schlanke Wehrturm mit dem charakteristischen Spitzhelm. Er entstand vermutlich im Jahr 1488, als die Burghalde in das Verteidigungssystem der Reichsstadt einbezogen wurde.

Was nur wenige Burghalde-Besucher ahnen: Auf dem Areal links des heutigen Eingangstores befand sich im hohen Mittelalter eine klassische Burg des 13. Jahrhunderts. Zu ihr gehörten ein Bergfried, ein Palas sowie weiter im Süden eine Vorburg. „Wann genau diese Anlage entstanden ist, wissen wir nicht", sagt Roger Mayrock. Der Grafiker und Burgenkenner ist unmittelbarer Nachbar der mittelalterlichen Mauerreste: Er wohnt im sogenannten Wärterhaus der Burghalde, das im späten 19. Jahrhundert an historische Mauerreste angebaut wurde. „In der mittelalterlichen Burg residierte der Verwalter des Kemptener Fürstabtes mit seiner Familie", fährt Mayrock fort – an symbolträchtigem Ort, hoch über der Stadt, deren Bürger nach einem ersten Privileg durch König Rudolf I. von Habsburg (1218-1291) mit aller Macht nach völliger Unabhängigkeit vom Fürstabt und seinem Vogt strebten.

„Die Außenmauer dieser Burg ist heute noch in Teilen erhalten", zeigt der Geschichtskenner auf ein gut elf Meter langes und etwa zwei Meter starkes Mauerstück, das sich linkerhand an den Burghalde-Eingang anschließt. „Es bildete vermutlich eine Seite des etwa 20 Meter hohen Bergfrieds. Das Untergeschoss dieses Turms baute man im 19. Jahrhundert zum Bierkeller um. Es wird heute nicht mehr genutzt", berichtet der Burgenkundige. Vergleichbare Türme finden sich heute noch auf den Ruinen Sulzberg und Kemnat bei Kaufbeuren. Mehrere gut erhaltene Buckelquader, deren Wölbung aus der Mauer herausragt, sind laut Historikerin Birgit Kata ein Indiz dafür, dass der Amtssitz des Klostervogtes auf der Burghalde im Stil der Stauferzeit (1138–1268) als repräsentatives Bauwerk errichtet wurde.

Regelrecht verwunschen wirkt die Burghalde vom Fußweg aus.

Alles andere als vornehm war dagegen das rasche Ende der Burg, berichtet Mayrock. Die Bürger der Stadt, die sich von den Fürstäbten und ihren Vögten schikaniert fühlten, entschieden sich 1363 zu einem dreisten Überfall. Ein bewaffneter Trupp nutzte dabei laut alter Chroniken den Brauch aus, dass die Fürstäbte alljährlich zu Sankt Martin die „fürnehmsten Bürger" der Stadt zum Festessen auf die Burg luden. Am Vorabend dieses Festes klopften die Bürger heimtückisch ans Tor und besetzten die Veste, nachdem die Besatzung arglos geöffnet hatte.

Nach alter Sage begannen die Bürger in der Folge mit der Zerstörung der Burg, um Tatsachen zu schaffen. Sie verbrannten die Freiheitsbriefe des Klosters, raubten die Sturmglocke sowie die Heiligtümer der Burgkapelle und nahmen auch eine „große Büchs" (Kanone) mit, aus der sie eine Glocke für ihre St.-Mang-Kirche gossen – „damit ihr Klang sie alle Zeit an diesen gelungenen Überfall erinnere", zitiert Geschichtsforscher Otto Erhard 1919 in einer Burghalde-Festschrift alte Quellen.

Fürstabt Heinrich von Mittelberg (im Amt 1356-1382) sei es nach dem Übergriff der Bürger an jenem 10. November 1363 gelungen, sich auf einem Bauernpferd nach Isny zu retten. Eine andere Sage berichtet davon, dass sich die Bürger unter Führung zweier Metzger durch einen unterirdischen Gang vom Rathaus in die Burg geschlichen hätten. Urkundlich belegt scheint zumindest, „dass Abt Heinrich von etlichen Bürgern gefangen und die Vestin zu Kempten gebrochen ward".

„Dieser Überfall blieb nicht ohne Folgen für die Bürger, hatten sie doch den Landfrieden gebrochen", wie Mayrock erläutert. Der Fürstabt klagte bei Kaiser Karl IV. (1316-1378) gegen die Bürger – mit Erfolg: Die Stadt musste unter anderem eine Strafe von 5000 Pfund Heller bezahlen und sich zudem verpflichten, aus den Steinen der abgebrochenen Burg und des großen Turmes keine neuen Mauern zu errichten. Der Fürstabt allerdings hatte nach der Erstürmung durch die renitenten Bürger kein Interesse an einem Wiederaufbau der geschleiften Burg, im Gegenteil: Er verkaufte die Mauerreste 1379 samt Hügel für 1600 Pfund Heller an die Stadt. Doch auch die baute das Gemäuer erst einmal nicht auf. Erst ab 1488, bei der Erweiterung der Stadtmauer, wurde der Burghügel in die Befestigung der Reichsstadt einverleibt und der noch heute bestehende Turm an der nördlichen Ecke errichtet.

Markus Raffler

So geht's zum Turmrest:

Direkt hinter dem Eingangstor der Burghalde findet sich auf der linken Seite neben einem verschlossenen Kellerzugang eine Steintreppe.

45

Lustschlösschen

Burgenromantik im Miniaturformat

Dieser Turm ist Gotik pur: Eingang und Fenster in Spitzbogenmanier, eine steinerne Balkonbalustrade mit Maßwerkdekor und als Abschluss ein vorkragender Fries und Schwalbenschwanzzinnen. An zwei Seiten schließt sich ein Mauerzug mit Schießscharten an. Nur eines ist merkwürdig: Wirklich wehrhaft wirkt das rund zehn Meter hohe, von Bäumen umringte Bauwerk nicht gerade – eher verschnörkelt und verspielt. „Das trifft es ganz gut", sagt Stadtheimatpfleger Tilmann Ritter: „Der Chapuis-Turm entstand 1842 im frühen Historismus, einer verklärten Ära, in der feudale Herrscher Lustschlösser bauen ließen und die Burgenromantik am Rhein in voller Blüte stand." In dieser Zeit zwischen 1840 und 1900 griffen Bauherren besonders gerne auf Stilelemente aus Romanik, Gotik und Renaissance zurück, auch barocke Formen wurden immer wieder kopiert.

Auch der Chapuis-Turm mit seiner damals wunderbaren Fernsicht diente seinen honorigen Besitzern in erster Linie zur Belustigung. Dabei ist das neogotische Lustschlösschen, das sich inmitten alter Bäume auf dem Höhenzug östlich der Iller erhebt, kein reines Fantasieprodukt. „Es wurde aus Steinen der alten Stadtbefestigung errichtet, genau an der Stelle, an der sich im späten Mittelalter ein stattlicher Rundturm befand", erläutert Tilmann Ritter.

Dieser sollte zusammen mit vier weiteren Türmen und zwei Stadttoren ab dem späten 15. Jahrhundert die Illervorstadt vor feindlichen Attacken schützen. Der Mauerzug, der sich vom Chapuis-Turm noch immer hinunter in Richtung des Illerufers zieht, stammt im Kern aus dieser spätmittelalterlichen Epoche. „Nur vom abschließenden Steinrinnentor und dem vorgelagerten Roten Tor, die früher den Zugang zur Stadt aus Richtung Füssen und Tirol abriegelten, ist leider nichts mehr übriggeblieben", bedauert der Stadtheimatpfleger.

Der Chapuis-Turm, den Tilmann Ritter beschreibt, steht heute mitten im Grünen.

Errichtet wurde der Chapuis-Turm von August Friedrich Roth (1801-1843), einem wohlhabenden Kaufmann, der in Kempten mit Leinwand, Seide und Baumwolle handelte. Der Turm samt der angrenzenden historischen, teils auch neu erbauten Bruchsteinmauern sollte sein Grundstück abschirmen. „Zu dem Areal gehörten ein Garten im Barockstil und ein Landschaftspark", erläutert Tilmann Ritter. Wenige Meter daneben, an der Füssener Straße, befand sich das Wohnhaus der Familie Roth. Und der Name Chapuis? Der kam erst ins Spiel, nachdem der Großhändler Franz Benjamin Chapuis (1823-1894) aus der Schweiz nach Kempten übergesiedelt war. Er übernahm nach dem Tode Roths nicht nur dessen Handelsunternehmen, sondern heiratete 1849 auch Roths Schwester Wilhelmine – und wurde so zum Miteigentümer des Anwesens.

Seine heutige Pracht erhielt das Wohnhaus an der Füssener Straße allerdings erst 1899: Damals ließ Nachfahre Wilhelm Chapuis das Gebäude zu einer Villa umbauen. Der östlich angrenzende Landschaftsgarten mit seinem lang gezogenen Serpentinenweg und uraltem Baumbestand ist bis heute erhalten und frei zugänglich. Er führt Besucher durch ein neogotisches Tor auf die Hochfläche und weiter zu den römischen Ausgrabungen im Archäologischen Park Cambodunum. Vor der Umfassungsmauer des antiken Tempelbezirks, direkt am Rand der Hochfläche, findet sich übrigens ein kreisrundes Steinfundament mit über einem Meter Mauerstärke im Boden. Es ist der Überrest eines weiteren Turmes der mittelalterlichen Stadtbefestigung. Der Chapuis-Turm ist seit 1989 im Besitz der Stadt, die das Lustschlösschen mit viel Aufwand sanieren ließ und nun vermietet hat – natürlich an seriöse Nutzer. So beherbergte das Bauwerk zeitweise auch ein Künstleratelier.

Markus Raffler

So geht's zum Lustschlösschen:

Das Türmchen erreicht man über den geteerten Steinrinnenweg, der zwischen der Füssener Straße 84 und 86 in östlicher Richtung führt.

Werner Wittmann an der Säule aus dem Jahr 1935.

46

Säule

Relikt brauner Vergangenheit

Der Stadtteil Sankt Mang war der Mittelpunkt der gleichnamigen Gemeinde, welche 1818 auf Anweisung aus München von Kempten erst abgetrennt und 1972 wieder eingegliedert wurde. Die Gemeinde war einst geprägt von Gegensätzen: Landwirtschaft im Norden, Industrie im Süden. Dabei nimmt der Bereich „Kottern" eine besondere Rolle ein. „Kottern ist aus der Arbeitersiedlung der Spinnerei und Weberei entstanden. Der Ort war als rotes Fabrikdorf mit vielen Anhängern der sozialdemokratischen und kommunistischen Parteien bekannt", sagt Werner Wittmann. Inmitten der früheren Werkswohnungen findet sich ein Relikt aus der NS-Zeit, der Stein der Arbeit – eine Säule.

Werner Wittmann ist seit 2006 Vorsitzender des Vereins „Wir in Kottern" und kennt die Bedeutung der Textilverarbeitung für den Ort. 1847 wurde die Spinnerei und Weberei Kottern gegründet und beschäftigte 1864 bereits 700 Menschen an 230 mechanischen Webstühlen. Vor dem Ersten Weltkrieg steigerten die Unternehmerfamilien Fries und Kremser die Zahl auf 1.100 Beschäftigte. Die große Wirtschaftskrise Ende der 1920er-Jahre wirkte sich stark auf Sankt Mang mit seiner krisenempfindlichen Textilindustrie aus. In den reichen USA ging während dieser Zeit der gesamte Umsatz des Einzelhandels um fast die Hälfte und in Deutschland um beinahe 40 Prozent zurück. „Die Fabrik zählte aber seit der 1929 erfolgten Umstellung auf vollautomatische Weberei wieder zu den modernsten deutschen Fabriken ihrer Art. Im Zwei-Schicht-Betrieb arbeiteten 1.250 Beschäftigte, das war damals der personelle Gipfel", erklärt Wittmann.

Die Säule am Lukas-Mayr-Platz in Kottern.

Für die Arbeiter und Familien wurden immer neue Wohnungen im Stadtteil gebaut. Dabei kam den Eigentümern der Spinnerei und Weberei eine entscheidende Rolle bei. Ein Beispiel dafür sind die Werkswohnungen im Bereich Friedrich-Ebert- und Bergstraße. Dort wurde 1935 der eingangs bereits erwähnte Stein der Arbeit aufgestellt. „Das ist so ziemlich das einzig sichtbare Relikt an die NS-Zeit in Kempten", urteilt Wittmann. Allerdings wurde das „Goldene Rad mit dem Hakenkreuz“ gleich nach dem Krieg entfernt. Wer genau hinschaut, erkennt die ausgekratzte Stelle noch. Geblieben ist die Säule, die mit ihren Reliefs an die Entwicklung in Kottern erinnert. Wittmann zeigt auf die ehemalige Papiermühle an der Iller aus dem 14. Jahrhundert, die auf der Darstellung noch von einem Wald umgeben ist. Darüber sind drei Spindeln aus der Baumwollspinnerei zu sehen und im oberen Teil erkennt man noch immer die Fabrik, den Fabriksteg und die Sheddachhallen mit dem qualmenden Fabrikschlot. Auf dem Stein der Arbeit ist auch eine für die 1930er-Jahre typische Szene einer Familie mit Kind erhalten sowie die Jahreszahl 1935.

„Für die Arbeiter und ihre Familien wurden von der Firmenleitung in den Jahren 1934 bis 1937 neun Häuser mit über 60 Wohnungen gebaut“, hat Wittmann recherchiert.

Kottern galt als verschworene Gemeinde. Der langjährige BSG-Vorstand Wilfried Rager erinnert sich noch, wie während des Dritten Reichs eine rote Fahne am Fabrikschornstein hing. Doch die Fabrikleitung um Alfred Kremser war dem NS-Regime sichtlich zugetan. Deshalb wurde das Unternehmen am 30. April 1938 als einer von 103 Nationalsozialistischen Musterbetrieben in der Staatsoper Berlin mit der „Goldenen Fahne“ der Deutschen Arbeitsfront ausgezeichnet. Tags darauf wurde Vorstand Alfred Kremser (1878-1946) unter dem Jubel seiner Arbeiter in Kottern empfangen. Anni Deiser vom Bund Deutscher Mädel überreichte dem Kommerzienrat eine kleine Holztruhe mit einem goldenen Rad und 1200 roten Papierherzchen: „Zum goldenen Rad gehören die Herzen der ganzen Gefolgschaft. Sie sind stets bei unserem lieben Betriebsführer.“

Der Jubel war bald verflogen. Im Sommer 1943 musste die Textilfabrik einen Teil ihrer Gebäude zur Produktion von Jagdflugzeugteilen an die Messerschmitt AG abgeben. An den Maschinen standen KZ-Häftlinge in ihren gestreiften Anzügen. Sie wohnten in einer Außenstelle des Konzentrationslagers Dachau. Im Lager Kottern-Weidach befanden sich im Durchschnitt 750, aber teilweise auch über 1000 KZ-Gefangene. Die Rüstungsproduktion wurde zur Zielscheibe der alliierten und englischen Bomber. Am 19. Juli 1944 erschien gegen 9.45 Uhr ein Bomberverband und legte seinen „Teppich“ über die Spinnerei und Weberei Kottern. 29 Menschen, darunter ein Kind und drei Schüler, fanden den Tod.

Werner Wittmann kennt den weiteren Weg der zerstörten Anlage: 1945 kam die Fabrik unter Treuhandverwaltung und hatte nur ein Zehntel ihrer vorigen Belegschaftsstärke. Es folgte eine harte Wiederaufbauzeit. Doch zehn Jahre nach Kriegsende wurden erneut 1200 Beschäftigte an 950 Automaten-Webstühlen gezählt. Die Gesellschaft, die seit 1966 als Kottern Textil GmbH firmierte, wurde 1972 mit der Mehrheitsaktionärin Christian Dierig AG in Augsburg verschmolzen. In ihrer Blütezeit galt die 1805 gegründete Firma Christian Dierig als eine der größten Baumwollspinnereien in Europa mit 15.000 Mitarbeiterinnen und Mitarbeitern. Die Produktion von Bekleidungs- und technischen Geweben aus Baumwolle und Synthetik wurde in Kottern weitergeführt. Die Zahl der Beschäftigten sank 1979 auf knapp 500 Personen. Im September 1991 schloss die Spinnerei und im Mai 1992 teilte die Geschäftsführung den 200 Weberei-Beschäftigten mit, dass sie bis Jahresende ihren Arbeitsplatz verlieren würden.

Vom alten Glanz der Fabrik ist wenig geblieben. Im April 2000 wurde der Platz mit dem Stein der Arbeit auf Anregung des Vereins „Wir in Kottern" nach Lukas Mayr benannt. „Lukas Mayr war 25 Jahre lang Vorsitzender des TSV Kottern und trug wesentlich zum Bau der ersten Vereinsturnhalle 1898 bei", erklärt Wittmann.

Ralf Lienert

So geht's zur Säule:

Im Stadtteil Sankt Mang biegt von der Ludwigstraße die Bergstraße ab. Nach etwa 100 Metern liegt auf der linken Seite der Lukas-Mayr-Platz mit der Säule.

Bettina Löffeler am Portal des Neubronner Hauses.

47

Allianzwappen

Ein starkes Ehepaar

Das spätgotische Neubronnerhaus am Rathausplatz ist vielen Kemptenern bekannt. Im Kern befinden sich spätgotische Strukturen zweier Häuser, die 1796 durch einen Baumeister namens Jakob Scheiterle aus Hohenems zusammengefasst wurden. „Doch an der kunstvollen Steinmetzarbeit über dem Portal mit den Ehe- oder Allianzwappen der von Neubronners laufen die meisten Menschen achtlos vorbei", sagt die Historikerin Bettina Löffeler.

Die Familiengeschichte der Neubronner bringt Erstaunliches zu Tage. In Kempten taucht die Familie erstmals 1608 in einem Ratsprotokoll auf, in dem über Handelsbeziehungen zwischen Ulm und Kempten berichtet wird. Als Lorenz Matthäus Neubronner aus Ulm 1657 Anna Magdalena Jenisch heiratet, die Tochter des Kemptener Bürgermeisters, rückt das junge Paar in der Kemptener Gesellschaft auf.

Es sind aber erst Matthias Phillipp Neubronner (1714-1785) und seine Söhne, die für einen anhaltend guten Ruf der Familie sorgen. Der Vater zog aus Ulm nach Kempten, erwarb 1748 das Bürgerrecht und heiratete Regina Rosina Engler aus Augsburg. Er wurde 1764 in den Stadtrat und 1778 zum Bürgermeister gewählt. Sein Sohn Johann Adam heiratete 1792 seine Cousine dritten Grades, Anna Euphrosina von Neubronner aus Ulm. Ihr Vater war der Rats- und Proviantherr Marcus (Marx) Tobias von Neubronner. Die Ulmer Linie war seit 1669 in den Reichsadel erhoben worden. „Aus dieser Heirat entstand das Allianzwappen über dem Portal des Hauses", erklärt Bettina Löffeler.

Vor der Hochzeit kam es zu einem Zwischenfall im Rathaus. Als Johann Adam Neubronner das Aufgebot für seine Hochzeit machte, wurde von ihm der Bürgereid gefordert, was er unter Protest ablehnte und damit drohte, das Bürgerrecht niederzulegen. Er machte deutlich, dass er den Schwur bereits mehrfach abgelegt hatte, zuletzt als Hospitalpfleger. Er betonte auch, dass sein Bruder und er bereits 1789 in den Stand eines Senators befördert worden waren. Außerdem verwies er auf seine finanziellen Zuwendungen an soziale Einrichtungen wie die städtische Waisenpflege.

Das Allianzwappen der Familie Neubronner.

„Das Wappen aus Sandstein zeigt Chronos, den Gott der Zeit", sagt Bettina Löffeler. „Er umspannt mit seinen Flügeln die beiden Wappenschilde. Die ihm zugeordneten Attribute Sense und Stundenglas weisen auf die Vergänglichkeit der Zeit hin und sollen die Menschen, die das Haus betreten, erinnern, sich der Vergänglichkeit des Lebens bewusst zu sein und den Tag zu genießen: carpe diem."

Die Neubronner aus Ulm führten einen Röhrenbrunnen im Wappen und die Neubronner aus Kempten einen Ziehbrunnen. Die Arbeit über dem Portal ist eine Replik, das Original wird im Hause aufbewahrt. Die Neubronner waren offensichtlich erfolgreich im Geschäft mit Pelzen unterwegs. Deshalb konnten sie sich ein stattliches Patrizierhaus leisten. Am Rathausplatz besaß Johann Adam Neubronner bereits ein Haus und kaufte im Juli 1795 das Gebäude seines Nachbarn Jakob Zorn hinzu. Anschließend bestellte er sehr zum Missfallen der Kemptener Handwerker einen bekannten Vorarlberger Architekten zum Ausbau. „Weil hier zwei Häuser vereinigt wurden, gibt es keine Mittelachse", erklärt Bettina Löffeler. Das Portal mit seiner großen Holztüre wurde mit viel Liebe zum Detail hergestellt. Die Grundsteuern wurden damals ganz einfach berechnet: „Je breiter die Straßenfront, desto teurer", sagt Löffeler. Oben am Haus ist noch eine Luke zu sehen, die in den Ulmer Farben schwarz und weiß bemalt ist. „So wie die Ulmer Schachtel, ein spezielles Transportschiff auf der Donau", so Löffeler. Der Familie Neubronner gehörte als Sommerresidenz das Rotschlößle im Stadtteil Sankt Mang. Am 5. August 1805 erhielten die Brüder Johann Adam und Matthäus Philipp Neubronner den Reichs- und kurfürstlich pfalzbayerischen Ritterstand mit dem Prädikat „Edler". Matthäus Philipp wurde am 18. März 1809 im Königreich Bayern bei der Ritterklasse immatrikuliert.

Die Familie bewohnte das Stadtpalais bis zum Tod von Anna Euphrosina Neubronner im Jahr 1865. Das Haus selbst ging 1887 in den Besitz der Protestantischen Spitalstiftung über. Es war ab 1892 das Zuhause der „Städtischen Höheren Töchterschule", die 1919 ins Lyzeum umzog und 1967 in Hildegardis-Gymnasium umbenannt wurde. 1919 zog das Stadtarchiv ins Neubronnerhaus ein und wurde 1980 bis 1983 um das benachbarte alte Zollamt erweitert.

„Die Familie Neubronner hat noch einige Spuren in der Stadt hinterlassen", macht Bettina Löffeler neugierig und nennt ein Beispiel. „In der St.-Mang-Kirche weisen die kleinen Wappen in den Glasfenstern auf die großzügige Spendenbereitschaft der von Neubronners noch Ende des 19. Jahrhunderts hin."

Ralf Lienert

So geht's zum Allianzwappen:

Es ist am Neubronnerhaus an der Südseite des Rathausplatzes.

Eckturm

Wo die Residenz Rätsel aufgibt

Mehr als 140 Meter lang, 43 Meter breit und bis zu 20 Meter hoch: Die ab 1651 erbaute Fürstäbtliche Residenz ist allein schon ihrer Ausmaße wegen ein historisches Gebäude der Superlative. Dank ihrer üppig ausgestatteten Prunkräume gilt sie obendrein als kunstgeschichtliches Juwel. Die Pracht im Inneren wurde in den vergangenen Jahrzehnten intensiv erforscht. Um die Geschichte des als Kloster und zugleich herrschaftlicher Regierungssitz erbauten Barock-Komplexes ranken sich dagegen bis heute viele Fragen – und so manches Geheimnis.

An einem dieser Rätsel laufen täglich Hunderte Menschen ahnungslos vorbei. Wer achtet schon auf die weißgetünchte Mauereinbuchtung am Südost-Turm der Residenz? Und selbst wenn sie jemandem auffallen sollte – eine Erklärung dafür findet sich nirgends. Geschichtskenner Hugo Naumann allerdings weiß, warum ausgerechnet dieser Eckturm bis in eine Höhe von vier Metern abgeschrägt wurde: „Das Ganze hat damit zu tun, dass das Fürststift sein Territorium bei der Errichtung des neuen Klosters im 17. Jahrhundert voll ausnutzte und der Reichsstadt das Gebäude praktisch direkt vor die Nase setzte." Nur gute zehn Meter trennten damals die äußerste Ecke des Neubaus von der mittelalterlichen Stadtmauer. Vor dem längst verschwundenen Bollwerk, das an dieser Stelle mit dem imposanten Klostertor und dem mächtigen Malzmüllerturm besonders stark befestigt war, verlief zudem der Stadtgraben, der vom vorbeifließenden Schlangenbach befüllt wurde.

„Es ging hier also extrem eng her. Damit dennoch auch größere Fuhrwerke die Engstelle problemlos passieren konnten, wurde kurzerhand die Turmecke angepasst", erläutert der pensionierte Lehrer.

Evangelische Reichsstadt und katholisches Fürststift – beide waren über Jahrhunderte zutiefst verhasste Nachbarn. Diese innige Feindschaft hatte wenige Jahre vor dem Klosterneubau ihren traurigen

Der abgeschrägte Eckturm, vor dem Hugo Naumann steht, ist auch fast 400 Jahre nach ihrer Errichtung eines der Rätsel der Residenz.

Höhepunkt erreicht: Im Dreißigjährigen Krieg (1618-1648) hatte die Reichsstadt mit Hilfe schwedischer Truppen das spätmittelalterliche Benediktinerkloster (neu erbaut um 1200) samt dem Marienmünster zerstört und gemeinsam ausgeplündert. Das war im Mai 1632. Im Gegenzug erstürmten Truppen von Kaiser Ferdinand II. (1578-1637) auf Drängen des Fürstabts im Januar 1633 am Klostertor die Stadt und übten blutige Rache.

Der Dreißigjährige Krieg war 1618 vom Prager Fenstersturz ausgelöst worden. Im Kern ging es um den Konflikt zwischen zwei Parteien: der katholischen Liga (hier gaben Bayern und Habsburg-Österreich mit dem Kaiser des Heiligen Römischen Reiches den Ton an) und der protestantischen Union. Diese geriet in den 1620er-Jahren in Bedrängnis, so dass sich Schwedenkönig Gustav Adolf II. (1594-1632) entschloss, auf protestantischer Seite einzugreifen. Der verheerende Krieg endete erst 1648 mit dem Westfälischen Frieden.

Bereits 1643 hatte der Kemptener Fürstabt Roman Giel von Gielsberg (1612-1673) angesichts der Ruinen erste Pläne für einen Klosterneubau entwickelt. „Der sollte zu diesem Zeitpunkt allerdings weiter außerhalb, am Reichelsberg, am Hoföschle oder am Schwabelsberger Weiher, entstehen. Am alten Standort waren anfangs nur eine Pfarrkirche und Wirtschaftsgebäude geplant", erläutert Hugo Naumann. Überhaupt gestaltete sich der gesamte Bauverlauf aufgrund mehrerer Konzeptionswechsel als holprig. „Das erklärt auch, warum uns die Anlage nicht aus einem Guss erscheint, und es beispielsweise kein repräsentatives Treppenhaus gibt. Von außen wirkt das Gebäude schlicht, ohne hochbarocke Eleganz."

Der Vorarlberger Baumeister Michael Beer (um 1605-1666) begann im Jahr 1651 nur mit der Errichtung eines Kornhauses, dem späteren Nordwest-Flügel. Erst unter dessen 1654 eingesetztem Nachfolger Giovanni Serro aus Graubünden (um 1600-1670) ist in Urkunden tatsächlich vom Bau einer Residenz mit Konventsgebäude die Rede – als vierflügelige Anlage um einen Innenhof. „Erst ab 1658, nach einem erneuten Konzeptionswechsel, kommen die Flügel um den östlichen Innenhof hinzu", sagt Naumann. Serro lässt bereits errichtete Gebäudeteile teilweise abreißen und erhöht die Geschosszahl. „Der Grund ist vermutlich, dass Fürstabt Giel von Gielsberg Klosterreformen durchsetzen und auch Nichtadlige in den Konvent aufnehmen wollte. Dafür brauchte er deutlich mehr Platz", erläutert Naumann. „Die Reformversuche scheiterten jedoch am Widerstand der adligen Mönche sowie der schwäbischen Reichsritterschaft zwischen Elsass und Lech, aus der die Konventmitglieder mehrheitlich stammten."

1668 schließlich kann der Fürstabt den neuen Amtssitz für sich und seinen gut 200 Köpfe zählenden Hofstaat beziehen. Der Konvent, für den die Nordhälfte des Gebäudes bestimmt ist, folgt 1674. Erst ab 1732 entstehen als Folge des gestiegenen Repräsentationsanspruchs der Fürstäbte die barocken Prunkräume für Staatsbesuche, der heute Thronsaal genannte neue Rokoko-Festsaal sowie (ab 1760) die Gästezimmer im verklingenden Rokoko. Das Mobiliar wird nach der Auflösung des Klosters 1802 vom bayerischen Staat in alle Winde verkauft, ebenso die Bibliothek sowie die Münz- und Gemäldesammlung. Galt es doch, die immensen Schulden des Fürststiftes zumindest ein Stück weit abzutragen.

Noch im selben Jahr wird die nördliche Hälfte der Residenz zur sogenannten Schloss-Kaserne umfunktioniert und beherbergt zeitweise bis zu 800 Soldaten. Die andere Hälfte nutzt der bayerische Staat seither für Behörden, von denen heute nur noch die Justiz mit Amts- und Landgericht sowie der Staatsanwaltschaft übrig geblieben ist. Ihr Chef, der Landgerichtspräsident, verfügt dabei über die wohl schönsten Diensträume in ganz Bayern.

Markus Raffler

So geht's zur Residenz:

Der Turm am Übergang vom Pfeilergraben zum Residenzplatz bildet den südöstlichen Abschluss des Barockbaus. Er steht gegenüber dem Haupteingang zum „Galeria"-Kaufhaus.

Reinhold Petrich am Jesuskind.

49

Jesuskind

Frömmigkeit in Lenzfried

„Die Kirche St. Magnus ist der einzige Ort in Kempten, an dem man noch dem Jesuskind begegnen kann und das im ganzen Jahr“, sagt Reinhold Petrich. Er kennt das tiefe Geheimnis des Wallfahrtkindls, das seit 1996 in der Pfarrkirche wieder zu sehen ist. Es führt tief in die Vergangenheit der Stadt zurück: In Lenzfried gab es einst das Franziskanerinnenkloster St. Anna und ein 1461 gegründetes Männerkloster. Letzteres wurde 1466 vom Weihbischof von Augsburg Jodok Seitz OPraem (+ 1471) dem heiligen Bernhardin von Siena geweiht.

Der spätere Guardian des Franziskanerklosters in Lenzfried, Pater Gratus Bscheider, war mehrere Jahre lang Missionar und Wächter des heiligen Grabes in Jerusalem. Nach seiner Rückkehr gab er eine Beschreibung des heiligen Landes heraus. Er wusste von mehreren Wallfahrten zu Jesuskindern und wollte für sein Kloster Lenzfried eine solche begründen. Also baute er eine Krippe nach bethlehemitischem Vorbild und stiftete ein Christkindl. „Die Figur wurde an Weihnachten 1756 in Bethlehem geweiht und in der darauf folgenden Weihnachtszeit in der Geburtsgrotte Jesu zur Verehrung ausgesetzt", erklärt Reinhold Petrich. Dieses Jesuskind entwickelte sich in Lenzfried zum Gegenstand einer besonderen Verehrung, die bis in unsere Tage reicht.

Im Jahr 1803 wurden die beiden Klöster, die zum Stift Kempten gehörten, auf Befehl aus München aufgelöst. Auslöser für die Säkularisation waren die militärischen Erfolge des französischen Kaisers Napoléon Bonaparte (1769-1821). Durch die Verschiebung der französischen Ostgrenze verloren einige Herrschaften ihre linksrheinischen Gebiete. Als Entschädigung dafür wurden ihnen im Reichsdeputationshauptschluss von 1803 die kirchlichen Besitztümer zugesprochen. Die Entscheidung in Regensburg ermächtigte Landesherren wie den bayerischen Kurfürsten zur Aufhebung der Klöster. „Auf Geheiß der neuen Regierung wurden Krippendarstellungen nicht nur verboten, sondern Figuren und Einrichtungen zerstört", erzählt Petrich. Pater Gratus erklärte damals das 36 Zentimeter große Jesuskind aus Wachs wohl zum persönlichen Eigentum, entzog es so dem Zugriff der Kommissare und schenkte es dann der Pfarrgemeinde.

Den Lenzfriedern war das bethlehemitische Jesuskind ans Herz gewachsen. 1868 wird das Wallfahrtskind wieder erwähnt. Als beim Turmbau 1893 noch etwas Geld übrig war, wurde dem Kindl jenes kostbare Gewand gekauft, welches es heute noch trägt. Bei den folgenden Restaurierungen wurden die Finger und die Perücke mehrmals erneuert. Den Körper bedeckte ursprünglich ein feines Leinenhemdchen. Heute trägt es ein Hemd aus kostbarer antiker Seide mit langen Ärmeln. Vier rote, gerüschte Seidenbänder halten das Hemdchen zusammen. Um den Hals ist eine sehr feine Glasperlenkette vierfach gewickelt. Über dem Hemdchen liegen Golddrahtarbeiten, die teilweise aus dem 18. Jahrhundert stammen. An der Schulter sind als Reliquien Steinchen vom Heiligen Grab in Jerusalem und vom Stall zu Bethlehem befestigt. „In Lenzfried gab es noch ein zweites Jesuskindlein. Die Franziskanerinnen verehrten in ihrem Kloster ab 1757 ein Figürchen aus Prag. Vermutlich wurde es um 1803 zerstört", sagt Reinhold Petrich. Im Zuge der Säkularisation schlug auch für das Männerkloster die letzte Stunde. Im Allgäu fielen der Verstaatlichung von Kirchenbesitz nach einem Beschluss vom 25. Februar 1803 insgesamt 23 Stifte, Klöster und andere Ordensniederlassungen mit 390 Mönchen und Nonnen zum Opfer. Die Häuser der Bettelorden, von denen wenig zu holen war, erhielt der Deutsche Orden. Dazu zählten die Franziskanerklöster Heiligkreuz und Lenzfried sowie das Lenzfrieder Frauenkloster. Nach dem 25. April 1803 genossen die Patres zwar lebenslanges Wohnrecht, doch das Inventar wurde versteigert und das Gebäude verkauft. Weil die bisherigen Einkünfte wegfielen und das Spendensammeln untersagt war, gerieten sie rasch in erhebliche Not. Seit 1818 wird die Seelsorge von einem Pfarrer ausgeübt. In den Jahren 1892/93 erhielt die Kirche einen Kirchturm, erbaut nach den Plänen von Hugo Höfl. Seit 2002 bestand mit der Nachbarpfarrei St. Ulrich eine Pfarreiengemeinschaft, welche 2015 in die Pfarreiengemeinschaft Kempten-Ost mündete.

1996 tauchte das Jesuskind wieder auf. „Die Initiative ging damals von Adolf Bründl und Pfarrer Anton Vogler aus", weiß der Heimatfreund Reinhold Petrich. Krippenspezialist Bründl (1940-2013) überarbeitete das Kindl und Holzbildhauer Walter Konrad aus Reicholzried schnitzte den Schrein, den Bründl anschließend vergoldete.

Für Petrich ist es jedes Jahr ein bewegender Moment, wenn er mit dem Heimat- und Volkstrachtenverein Unterillertaler zum Weihnachtssingen in dem Gotteshaus auftritt: „St. Magnus ist ein ganz besonderer Rahmen und hat eine gute Akustik." Petrich ist ein Kenner und Wegbegleiter von Bründl: „Jedes Mal, wenn ich in die Kirche komme, fällt mein Blick sofort auf das Jesuskind. Es strahlt einfach etwas Besonderes aus und verzaubert mich."

Ralf Lienert

So geht's zum Jesuskind:

Die Kirche St. Magnus steht mitten im Stadtteil Lenzfried. Der goldene Schrein mit der Figur befindet sich am rechten Seitenaltar.

Unscheinbare Steine mit beeindruckender Geschichte: Dr. Johannes Schießl vor der römischen Stadtmauer.

50

Römermauer

Quader mit steinalter Geschichte

Mauerreste gibt es viele in Kempten. Haushohe und winzig kleine, herausgeputzte und heruntergekommene. Wieso also ausgerechnet dem von Efeu umrankten Mauerstück an der viel befahrenen Burgstraße Aufmerksamkeit schenken? „Weil er ein wichtiges Stück der Kemptener Geschichte repräsentiert", sagt Dr. Johannes Schießl mit breitem Grinsen. Locker steht der Archäologe vor dem mannshohen Mäuerchen. Das reicht wie ein steinerner Quader auf den gepflasterten Gehsteig hinaus – überragt von einem Abschnitt der mittelalterlichen Stadtmauer, die an dieser Stelle zwischen dem Nachbau des historischen Waisentors und der nahen Illerbrücke emporragt.

„Mit dem Mittelalter hat unser Mauerstumpf aber nichts zu tun, der hat mit großer Wahrscheinlichkeit ein gutes Jahrtausend mehr auf dem Buckel", verrät Schießl, der stellvertretender Chef des Archäologischen Parks Cambodunum (APC) ist. Wer jetzt rechnet, landet in der Antike, genauer gesagt im frühen 4. Jahrhundert. Und genau zu dieser Zeit wurde die römische Stadtmauer errichtet, zu der das etwa 1,70 Meter breite und drei Meter lange Relikt einst gehörte.

Doch halt: Das römische Kempten (lateinisch Cambodunum) liegt bekanntlich auf der anderen Illerseite im Stadtteil Lindenberg (siehe Geheimnis 08). Was also hat es mit den spätantiken Mauern unterhalb der Burghalde auf sich? Dr. Johannes Schießl, Experte für provinzialrömische Archäologie, lüftet das Geheimnis: „Die Stadt auf dem Lindenberg wurde vermutlich nach den Alamanneneinfällen im späten 3. Jahrhundert aufgegeben. Als Nachfolger entwickelte sich ab etwa 280 nach Christus die Siedlung unterhalb der Burghalde."

Handwerker, Händler, Bauern lebten dort – und wohl auch Angehörige römischer Soldaten. Diente das Burghalde-Plateau in dieser Zeit doch als römisches Kastell. Die Stadt (Fachleute nennen sie mit Bezug auf mittelalterliche Schriftquellen Cambidano) und ihre Ausläufer reichten bis zum heutigen St.-Mang-Platz, wie laut Schießl zahlreiche Funde belegen: Reste einzelner Gebäude, Gräber, Münzen, Schmuck, Keramik und Handwerksgeräte. Das spätantike Kempten mit seinen wohl gut 1000 Einwohnern wurde durch einen mächtigen Mauerring geschützt, der die gesamte Burghalde umschloss, erläutert Archäologe Schießl. „Die Stadtmauer war mindestens neun Meter hoch. Sie war vergleichbar mit der Ummauerung von Köln oder Mainz." Denn die Befestigungen nördlich der Alpen seien ums Jahr 310/320 im gesamten römischen Reich nach dem sogenannten Baubuch von Kaiser Konstantin dem Großen (270/288 - 337) angelegt worden. „Dazu gehörten in regelmäßigen Abständen Rundtürme und ein Wehrgang mit Zinnen." Zwei Bauphasen der Ummauerung kamen in Kempten zum Vorschein. Auch die Reste von mindestens zwei Türmen aus Iller-Rollsteinen und behauenem Sandstein wurden im Boden entdeckt. Unklar ist allerdings, wo die Stadttore lagen, und ob die Ummauerung zusätzlich durch Gräben geschützt war. Noch heute dient das antike Mauerwerk teilweise als Fundament für die Einfriedung des evangelischen Friedhofs am Fuß der Burghalde.

Was kaum noch jemand in Kempten weiß: Die Iller verlief in römischer Zeit in einem anderen Bett – und zwar westlich der Burghalde, durch das heutige Freudental über die Kronenstraße, an Rathaus und Gerberstraße vorbei. „Unter dem Rathaus hat man massive Pfeiler aus Eiche gefunden, die laut Jahresringanalyse im Jahr 20 nach Christus gefällt wurden", erläutert der Archäologe. Das Holz ist Überrest einer massiven Brücke über die Iller. Erst im hohen Mittelalter, wohl ums Jahr 1100, wurde der Lauf der Iller mit großem Aufwand an den Osten der Burghalde verlegt – ins Bett, in dem die Iller bis heute fließt. Der frühere Flussarm wurde von den Bürgern trockengelegt und bebaut.

Doch zurück zur Römerstadt am Fuß der Burghalde. Als die Zeiten aufgrund der Germanen-Einfälle zunehmend unruhiger wurden und auch der durch Kempten verlaufende Donau-Iller-Limes keinen ausreichenden Schutz mehr bot, wurde „Cambidano" aufgegeben. Der letzte antike Fund der Archäologen datiert aus dem Jahr 470 – eine Tonlampe. Das passe gut zur offiziellen Geschichtsschreibung, erklärt Schießl: „476 endet mit dem Untergang des weströmischen Reiches die Antike." Der germanische Heerführer Odoaker (um 433 - 493) hatte den letzten Kaiser Romulus Augustulus (geboren um 460, gestorben nach 476) abgesetzt, Italien kam unter die Herrschaft des Byzantinischen Reiches (Ostrom). Kempten aber blieb auch nach dem Zerfall des römischen Imperiums bedeutend, ist Schießl überzeugt. „Die Stadt war ein wichtiger Knotenpunkt für den Handel. Hier gab es eine Furt über die Iller, außerdem war der Fluss ab hier flößbar." Der Archäologe geht daher davon aus, dass die Besiedlung unter der Burghalde nahtlos von der späten Antike ins frühe Mittelalter überging, auch wenn Befunde dies nicht wissenschaftlich belegen: „Da haben wir leider noch eine Lücke im Fundmaterial bis zum 9. Jahrhundert."

Markus Raffler

So geht's zur Römermauer:

Der spätrömische Mauerstumpf steht in der Burgstraße, westlich des EZA-Gebäudes (Energie- und Umweltzentrum Allgäu, Burgstraße 26).

Quellen, Literatur, Bildnachweis

„Eine Explosion in der Pulverfabrik zur Rottach bei Kempten." In: Allgäuer Tagblatt Kempten vom 8. Dezember 1920.

Allgäuer Sagen, Aus K. A. Reisers „Sagen, Gebräuche und Sprichwörter des Allgäus" ausgewählt von Hulda Eggart, Kempten und München 1914, Nr. 196, S. 200.

Allgäuer Tagblatt: Wo der Stadtbach rauscht, 16. März 1968.
Allgäuer Zeitung:
7. Februar 2007.
1. August 2019, Lokalteil Kempten.
12. Mai 2003.
13. April 2000, Lokalteil Kempten.
13. Mai 1996.
14. Juli 2000, Lokalteil Kempten.
16. Juni 2009, Allgäu-Rundschau.
16. Juni 2009, Lokalteil Kempten.
18. Juli 2009, Lokalteil Kempten.
25. Juli 2000, Lokalteil Kempten.
26. Januar 1995, Lokalteil Kempten.
27. Dezember 1996.
28. August 2002.
28. Januar 2003.
29. Juli 1902.
31. Oktober 1997, Lokalteil Kempten.
7. Juli 2003.
4.3.1975, Lokalteil Kempten.
09.06.1992, Lokalausgabe Kempten.
11.09.1996, Lokalausgabe Kempten. 14.11.1991, Lokalausgabe Kempten.
17.02.1987, Lokalausgabe Kempten.
25.09.1987, Lokalausgabe Kempten.
25.09.2002, Lokalausgabe Kempten.
27.08.1987, Lokalausgabe Kempten.
Der Schlangenbach gehörte zur ersten Fernwasserversorgung, 29. Mai 1977.

Böck, Franz-Rasso: Kempten im Umbruch, AV-Verlag Augsburg, 1989, S. 159.

Ders.: Das Patriziat der Reichsstadt Kempten, Berlin 2018, S. 189-196.

Ders.: Jahrhundertblicke auf Kempten 1900-2000, Kempten, 1999, S. 99, S. 150.

Broschüre: Der 1. Mai 1938 bei der Spinnerei und Weberei Kottern.

Bründl, Adolf: 350 Jahre Pfarrei St. Magnus in Lenzfried, Kempten 1992.

Brunk, Irmtraud, Allgäuer Zeitung, Kempten, 17. März 1987.

Dehio, Georg: Handbuch der deutschen Kunstdenkmäler - Bayern III – Schwaben, Deutscher Kunstverlag, München 2008, S. 569ff.

Der Allgäuer: Das Mühlrad machte der Turbine Platz, 3. April 1958.

Die Allgäuer Milchwirtschaft auf dem Weg ins 21. Jahrhundert, Kempten 2008, S. 95, S. 101.

Erhard, Otto: Die Burghalde in Geschichte und Gegenwart – Festschrift zum 50. Gründungstag des Burghaldevereins. Kempten 1919.

Förderreuther, Max: Kemptner Heimatbuch, Kempten 1932, S. 23, 38, 45, 47, 50 ff., 87, 88, 89, 101, 112, 119, 123, 126.

Gärtner, Sabine: Das Haubenschloß, Facharbeit aus dem Fach Geschichte, Allgäuer-Gymnasium Kempten, 1992/93, S. 21 ff.

Geiss, Rudolf, Allgäuer Zeitung, Kempten, 12. August 2002.

Herrmann, Norbert: Kempter Geschichtsbuch, Kempten 1963, S. 161.

Horchler, Adolf: Vortrag über den Kanal Eschachweiher – Stadt Kempten vom 5. September 1921.

Ilg, Christian: Aus Kemptens vergangen Tagen, Band II. Kempten 2002, S. 5, 11.

Ders.: Aus Kemptens vergangenen Tagen – die Eisenbahnanlagen von ihren Anfängen bis 1940. Firmengeschichten, Band VI. Kempten 2008.

Ders.: Stadtgeschichten, Kempten 2004, S. 41.

Jahn, Wolfgang; Josef Kirmeier; Wolfgang Petz und Evamaria Brockhoff (Herausgeber): Bürgerfleiß und Fürstenglanz. Reichsstadt und Fürstabtei Kempten. Katalog zur Ausstellung im Haus der Bayerischen Geschichte, Augsburg 1998. Abteilung 7, Wallfahrtsfahne, Votivbilder und Votivgaben (Kat.-Nr. 153, 154a-d, 155, 156).

Jahn, Wolfgang; Kirmeier Josef; Petz Wolfgang; Brockhoff Evamaria: „Bürgerfleiß und Fürstenglanz – Reichsstadt und Fürstabtei Kempten"; Katalog zur bayerischen Landesausstellung in Kempten. Augsburg 1998, S. 147 ff.

Kaiser, Willi: Kemptens mittelalterliche Stadtbefestigung; in Allgäuer Geschichtsfreund, Nr.

10 der neuen Folge. Kempten 1914, S. 26 ff.

Karrer, Philipp Jakob: Beschreibung und Geschichte der Altstadt Kempten. Kempten 1828. S. 102.

Kata, Birgit: Mehr als 1000 Jahre: Das Stift Kempten zwischen Gründung und Auflassung 752–1802, Likias-Verlag 2006, S. 84.

Kellenberger, Martin: Buch der Erinnerungen, Kempten 1937, S. 56, 57, 59, 82, 96, 137, 144.

Kempten aktuell: Historischer Bach unter der Westtangente, 11. Dezember 1971.

Köhl, Anna: Kreative Köpfe: Straßen und ihre Namensgeber in Kempten, Kempten, 2007, S. 88.

Lienert, Ralf: Die Chapuis-Villa - Vom Fehrschen Lusthaus zur Villa Viva. Kempten 1996. S. 49, 95, 105

Ders.: 100 Jahre Klosterkirche St. Anton, Kempten 2014, S. 27.

Ders.: Sankt Mang Blicke, Kempten 2002, S. 67, 203 ff.

Lindner, Dr. Karl: Geschichte der Allgäuer Milchwirtschaft, Kempten 1955, S. 547.

Lorenz, Sönke; Schindling, Anton; Setzler Wilfried: Primus Truber - Der slowenische Reformator und Württemberg. Stuttgart 2011.

Meditationen in Formen und Farben. Stuttgart 1949.

Naumann, Hugo: Basilika St. Lorenz Kempten. Kempten 2020. S. 114 ff.

Petz, Wolfgang: Allgäuer Geschichtsfreund, Kempten 2020, S. 11 ff.

Ders.: Allgäuer Zeitung, Lokalteil Kempten, 22. Juli 2017, S. 28.

Ders.: Bemerkungen zur Kemptner Burgerstube/ Gesellschaft zum Strauß in der frühen Neuzeit. In: Allgäuer Geschichtsfreund 99 (1999), S. 95-120.

Ders.: Die letzte Hexe. Das Schicksal der Anna Maria Schwägelin, Campus-Verlag 2007.

Ders.: Zweimal Kempten - Geschichte einer Doppelstadt (1694–1836). Vögel-Verlag 1998, S. 425-431.

Ders.: Zweimal Kempten - Geschichte einer Doppelstadt. Kempten 1998, S. 211.

Ders.: Zweimal Kempten. Geschichte einer Doppelstadt, München 1998, S. 224.

Ders.: Zweimal Kempten. Geschichte einer Doppelstadt. München 1998.

Petzet, Michael: Stadt und Landkreis Kempten (= Bayerische Kunstdenkmale. Band 5). Deutscher Kunstverlag, München 1959, S. 23.

Rödder, Werner: Der Schlangenbach. In: „Das schöne Allgäu", Heft 4/1986, S. 54.

Rottenkolber, Josef: Aus der Geschichte der Kemptener Hofapotheke. In: Schmiedel R. (Hrsg.), Süddeutsche Apotheker-Zeitung, Sonderabdruck aus Nr. 102, Stuttgart 1928, S. 1-7.

Ders.: Aus Kemptens vergangenen Tagen, Kempten 1954, Seite 55, 62.

Ders.: Aus Kemptens vergangenen Tagen, Kempten, 1941, Seite 68.

Schnell, Hugo: Die fürstäbtliche Residenz zu Kempten und ihre Prunkräume. München 1947.

Ders.: Kempten St. Anton, Verlag Schnell & Steiner, München/Zürich 1980.

Stadt Kempten, Tiefbauamt (Wiedemann Markus, Eichhorst Christa): Eine Brücke mit Geschichte. Kempten 2019/20.

Süddeutsche Bauzeitung, 30. Mai 1903.

Uhlig, Heinrich: Sankt Mang, Kempten 1955, S. 395, 414.

Vorhang auf! 400 Jahre Theater in Kempten, herausgegeben von der Stadt Kempten (Allgäu) 2007, S. 224.

Weber, Gerhard (Herausgeber): Cambodunum - Kempten, Mainz 2000, S. 134 ff.

Weber, Gerhard (Hrsg.): Cambodunum - Kempten. Erste Hauptstadt der römischen Provinz Raetien? Antike Welt Sonderband. Mainz 2000.

Bildnachweis

Sabine Lienert S. 9.
Ralf Lienert, S. 9, 16, 19, 21, 30, 32, 37, 39, 40, 46, 48, 55, 56, 57, 62, 64, 70, 71, 73, 74, 79, 81, 82, 86, 90, 93, 95, 103, 106, 109, 111, 118, 120, 123, 124, 126, 128, 130, 136, 138, 148, 150, 155, 171, 172, 175, 176, 182.
Markus Raffler: S. 10., 11, 17, 23, 24, 26, 28, 36, 43, 50, 52, 59, 60, 66, 67, 68, 76, 83, 84, 97, 100, 102, 114, 116, 133, 134, 141, 144, 152, 153, 154, 158, 160, 165, 166, 168, 178, 185.
Stadt Kempten: S. 34.

SIE WOLLEN NOCH MEHR ÜBER *Kempten* WISSEN?

Hier gibt es sachkundige Informationen:

Tourist Information Kempten
Illerführung „Alles im Fluss“:
Die Führung beleuchtet Kemptens Geschichte an und mit der Iller und führt in etwa zwei Stunden vom Illersteg bis zur König-Ludwig-Brücke, wo die Gäste bei einer Begehung einen exklusiven Einblick ins Innenleben einer der weltweit ältesten Eisenbahnbrücken aus Holz erhalten.
Klassische Stadtführung „Kempten erleben“: Die Führung gibt Einblicke in die 2000-jährige wechselvolle Geschichte der einstigen Römerstadt und führt unter anderen in den unterirdischen Schauraum Erasmuskapelle, wo bei einer Multivisionsshow die Mauern zum Sprechen gebracht werden.

Die Führungen werden zu öffentlichen Terminen sowie für Gruppen nach individueller Vereinbarung angeboten.
Information und Buchung:
Rathausplatz 24
87435 Kempten
Telefon: 0831 / 960955-0
E-Mail:
fuehrungen@kempten-tourismus.de
Homepage:
www.kempten-tourismus.de/fuehrungen
Öffnungszeiten:
November bis April: Mo.-Fr.: 09–17 Uhr
Mai bis Oktober:Mo.-Fr.: 09-17Uhr, Sa. 10-13Uhr

Prunkräume der Residenz
Auskünfte:
Heimatverein Kempten
Telefon: 0151 – 21325764
E-Mail: ingrid.mueller@heimatverein-kempten.de oder residenz@heimatverein-kempten.de
Homepage: www.schloesser.bayern.de
Öffnungszeiten:
Oktober bis März: Sa.-So.: 10–16 Uhr
April bis September: Di.-So.: 09-16Uhr

Publikationen:

Böck, Dr. Franz-Rasso: Jahrhundertblicke auf Kempten 1900-2000, Kempten, 1999

Heilinger Emmerich: Die Allgäuer Milchwirtschaft auf dem Weg ins 21. Jahrhundert, Kempten 2008

Ilg, Christian: Aus Kemptens vergangenen Tagen, Band II. Kempten 2002

Ilg Christian: Aus Kemptens vergangenen Tagen, Band IV, Kempten 2004

Kata Birgit: Mehr als 1000 Jahre: Das Stift Kempten zwischen Gründung und Auflassung 752–1802, Likias-Verlag 2006

Köhl Anna: Kreative Köpfe: Straßen und ihre Namensgeber in Kempten, Kempten, 2007

Lienert Ralf: Die Chapuis-Villa, Kempten, 1996

Lienert Ralf: Sankt Mang Blicke, Kempten 2002

Lienert Ralf: 100 Jahre Klosterkirche St. Anton, Kempten 2014

Petz, Dr. Wolfgang: Die letzte Hexe. Das Schicksal der Anna Maria Schwägelin, Campus-Verlag 2007

Petz, Dr. Wolfgang: Zweimal Kempten – Geschichte einer Doppelstadt (1694–1836). Vögel-Verlag 1998

Haftungsausschluss

Trotz intensiven Austauschs mit unseren Gesprächspartnern, gewissenhafter Literaturrecherche und aufmerksamem Korrekturlesen erheben wir weder einen Anspruch auf Vollständigkeit noch auf Fehlerlosigkeit. Wir haben streng darauf geachtet, keine Urheberrechte zu verletzen, unsere Recherchen sind nach bestem Wissen und Gewissen erfolgt. Dennoch übernehmen wir keinerlei Gewähr für die Aktualität, Korrektheit oder Vollständigkeit der bereitgestellten Informationen. Haftungsansprüche gegen uns schließen wir grundsätzlich aus.